北京市人口老龄化国情市情教育丛书
北京市老龄工作委员会办公室 | 指导

老龄知识
百问百答

Laoling Zhishi Baiwen baida

王小娥　黄石松 | 主编
北京市老龄协会　北京市老年学和老年健康学会 | 编

北京出版集团
北京出版社

图书在版编目（CIP）数据

老龄知识百问百答 / 王小娥，黄石松主编 ； 北京市老龄协会，北京市老年学和老年健康学会编. — 北京：北京出版社，2023.4
（北京市人口老龄化国情市情教育丛书）
ISBN 978-7-200-17875-3

Ⅰ. ①老… Ⅱ. ①王… ②黄… ③北… ④北… Ⅲ. ①老年教育 — 问题解答 Ⅳ. ① G777-49

中国国家版本馆 CIP 数据核字（2023）第 064363 号

总 策 划：刘 仑 高立志 责任编辑：董拯民 侯天保
责任印制：燕雨萌 责任营销：猫 娘
封面设计：田 晗

·北京市人口老龄化国情市情教育丛书·

老龄知识百问百答
LAOLING ZHISHI BAIWEN-BAIDA

王小娥 黄石松 主编
北京市老龄协会 北京市老年学和老年健康学会 编

出　　版	北京出版集团
	北京出版社
地　　址	北京北三环中路 6 号
邮　　编	100120
网　　址	www.bph.com.cn
发　　行	北京伦洋图书出版有限公司
印　　刷	北京汇瑞嘉合文化发展有限公司
经　　销	新华书店
开　　本	710 毫米 ×1000 毫米　1/16
印　　张	18.25
插　　图	30
字　　数	196 千字
版　　次	2023 年 4 月第 1 版
印　　次	2023 年 4 月第 1 次　2023 年 6 月第 2 次
	2023 年 10 月第 3 次印刷
书　　号	ISBN 978-7-200-17875-3
定　　价	56.00 元

如有印装质量问题，由本社负责调换
质量监督电话　010-58572393

编委会名单

主　　任：王小娥　黄石松

副 主 任：孙立国　孙鹃娟

执行编辑：郭南方　张航空

策　　划：王　华　王军杰

成　　员：(按各章编写组成员顺序)
　　　　　伍小兰　辛有清　孙　颖　陆杰华　程子航
　　　　　张航空　李爱华　黄石松　郭　燕　谢立黎
　　　　　魏嘉仪　孙鹃娟　秦　波　王玉梅

序 言

北京市老年学和老年健康学会组织专家学者编写了《北京市人口老龄化国情市情教育丛书——老龄知识百问百答》，本书的出版具有重要的价值，也是非常必要和及时的。2016年5月27日，中共中央政治局就我国人口老龄化的形势和对策举行第三十二次集体学习，习近平总书记主持学习时强调妥善解决人口老龄化带来的社会问题，事关国家发展全局，事关百姓福祉。政府主导下的人口老龄化国情教育已经在我国开展了一段时间，2018年全国老龄办联合中共中央组织部等14个部门印发《关于开展人口老龄化国情教育的通知》，在特定人群尤其是党政干部中产生了良好影响。同时需要看到对于全社会，尤其是面向青少年人群的人口老龄化国情教育还不够充分。

北京在20世纪90年代初进入老龄化社会，是我国人口老龄化最早出现的省区市之一。截至2022年底，北京市60岁及以上常住人口456.1万人、65岁及以上常住人口330.1万人，占常住总人口的比例分别突破21%和15%，标志着北京已经跨入老龄社会。积极应对人口老龄化必须理念先行，在全社会开展人口老龄化国情教育。《北京市人口老龄化国情市情教育丛书——老龄知识百问百答》全面阐释和深入分析北京人口老龄化的基本情况、主要特点、发展历程、深刻影响，宣传和解读北京在养老保障制度体系、养老服务体系、老年健康服务体系、老年人参与社会发展、养老服务人才建设、老年友好型社会建设、老年人权益保障等方面取得的积极进展，在实施积极应对人口老龄化国家战略、推进新时代老龄工作高质量发展过程中讲好北京故事、贡献北京力量。

　　针对党政干部、青少年和老年人三类目标人群及时、广泛开展人口老龄化的国情市情教育具有重要意义。人口老龄化是全局性的发展状况，缺乏系统性的学习和了解，个体难以仅仅通过日常的工作生活形成对于人口老龄化全面和科学的认识，因此人口老龄化国情市情教育最首要的作用就是通过系统性的教育和宣传，向党政干部和人民群众传授正确的人口老龄化概念、准确的人口老龄化基本现状与积极的人口老龄化理论和理念。人口老龄化国情市情教育的另一个重要作用是让党政干部和人民群众清楚地认识到党和国家在应对人口老龄化上过去做了哪些努力，如今取得了何种成就。通过人口老龄化国情市情教育在全社会形成对党和政府所做出的努力和所取得的辉煌成就的共识，有利于下一阶段积极应对人口老龄化国家战略的全面实施。最后，人口老龄化国情市情教育能起到破解人口老龄化相关认识误区的作用。无论是过分夸大老龄社会负面性的消极看法，还是错误的健康养生知识和层出不穷的老龄金融诈骗信息，都可能导致老年人和其他社会群体对人口老龄化产生偏见与歧视。人口老龄化国情市情教育能够帮助民众科学理解人口老龄化的一般规律和中国老龄社会的特殊规律，认识到人口老龄化是正常的科学现象，也是社会经济发展的成就体现。

· 序 言 ·

本书作为"北京市人口老龄化国情市情教育丛书"的第一本，是北京市老年学和老年健康学会集合多家科研机构、具有多个学科背景的多名专家合作完成。本书内容全面系统，解读深入浅出，形式新颖活泼。期待本书的出版，助力党政干部、青少年和老年人群理解老龄工作的重要性、急迫性和长期性，塑造科学积极看待人口老龄化的观念，有尊严地度过老年生活。

是为序。

杜 鹏

2023 年 3 月 13 日

目 录

第 1 章 人口老龄化的最新理念 ……………………… 1

1. 什么是人口老龄化？………………………………… 3
2. 什么是健康老龄化？………………………………… 5
3. 什么是健康中国战略？……………………………… 7
4. 如何推动健康中国行动？…………………………… 9
5. 如何推动健康北京建设？…………………………… 11
6. 什么是积极老龄化？………………………………… 13
7. 如何促进积极老龄化？……………………………… 14
8. 如何理解积极老龄观？……………………………… 15
9. 如何理解积极应对人口老龄化？…………………… 18
10. 中国积极应对人口老龄化进展如何？……………… 19

第 2 章 北京市人口老龄化的形势 …………………… 23

11. 北京市是什么时候进入老龄化社会的？…………… 25
12. 现阶段北京市人口老龄化在全国处于什么位置？ … 26

· 1 ·

13. 现阶段北京市人口老龄化在京津冀地区处于什么水平？ ………………………………………………… 28
14. 现阶段北京市人口老龄化有哪些基本特征？ ……… 29
15. 现阶段北京市人口老龄化的区域分布有哪些主要特征？ ………………………………………………… 30
16. 未来北京市人口老龄化的发展态势如何？ ………… 31
17. 未来北京市老龄服务需求将有哪些主要特征？ …… 32
18. 人口老龄化对北京市经济社会发展产生了哪些重要影响？ ……………………………………………… 33
19. 近年来北京市积极应对人口老龄化取得了哪些成效？ …………………………………………………… 35
20. 北京市积极应对人口老龄化已经采取了哪些主要做法？ …………………………………………………… 37
21. 北京市积极应对人口老龄化的主要经验有哪些？ …… 39
22. 现阶段北京市积极应对人口老龄化面临哪些突出问题？ …………………………………………………… 41
23. 人口老龄化将对北京市经济社会发展带来哪些机遇与挑战？ …………………………………………… 43
24. 下一步北京市积极应对人口老龄化面临的突出问题有哪些？ …………………………………………… 44
25. 下一步北京市积极应对人口老龄化的主要思路是什么？ …………………………………………………… 45
26. 下一步北京市积极应对人口老龄化的政策框架有哪些？ …………………………………………………… 47

27. "十三五"时期京津冀老龄事业协同发展有哪些
进展？……………………………………………… 49
28. "十四五"时期京津冀老龄事业如何进一步协同
发展？……………………………………………… 50
29. 北京市老年人到河北养老有哪些补贴？………… 52

第3章　北京市养老保障制度体系 …………… 55

30. 什么是中国多层次社会保障制度？……………… 57
31. 什么是中国多层次养老保险制度？……………… 59
32. 北京市养老保险的基本情况如何？……………… 62
33. 什么是企业年金和职业年金？…………………… 65
34. 什么是个人储蓄型养老保险？…………………… 68
35. 什么是个人商业养老保险？……………………… 70
36. 什么是北京养老助残卡？………………………… 72
37. 如何办理北京养老助残卡？……………………… 73
38. 什么是老年人津贴补助制度？…………………… 77
39. 如何申请老年人津贴补助？……………………… 78
40. 什么是老年人社会救助制度？…………………… 80
41. 如何申请各类社会救助？………………………… 83
42. 什么是老年人优待福利制度？…………………… 84
43. 什么是长期护理保险制度？……………………… 89

第4章　北京市就近精准养老服务体系 ……… 93

44. 养老服务包括哪些内容？………………………… 95

45. 目前北京市有哪些主要的养老服务方式？ …………… 96
46. 目前北京市有哪些新型养老服务方式？ …………… 98
47. 不同的养老服务方式的建设目标是什么？ ………… 99
48. 什么是"三边四级"养老服务体系？ ……………… 100
49. 目前北京市为老年人提供哪些政府购买服务？ … 102
50. 什么是居家养老服务？ …………………………… 103
51. 什么是"养老家庭照护床位"？ …………………… 104
52. 什么是社区养老服务？ …………………………… 108
53. 北京市社区养老服务的发展情况如何？ ………… 109
54. 北京市机构养老服务的发展状况如何？ ………… 111
55. 北京市老年人入住养老机构应如何开展评估？ … 114
56. 北京市如何发展老年人的助餐服务？ …………… 117
57. 北京市"养老服务顾问"主要发挥什么作用？ … 118
58. 什么是智慧养老服务？ …………………………… 119

第5章 北京市老年健康服务体系 …………… 125

59. 老年人面临的健康问题有哪些特点？ …………… 127
60. 什么是老年综合征？ ……………………………… 129
61. 老年科医师的"秘密武器"是什么？ …………… 130
62. 健康老年人需要达到哪些标准？ ………………… 131
63. 老年人如何提高健康素养？ ……………………… 133
64. 老年人保持健康的"内驱力"是什么？ ………… 135
65. 老年人需要了解哪些预防性免疫接种知识？ …… 137
66. 居家养老的老年人需要哪些护理？ ……………… 139

67. 北京市如何推进老年人长期照护服务？ ………… 141
68. 什么是安宁缓和医疗？ ………… 143
69. 什么是生前预嘱？ ………… 145
70. 北京市老年友善医疗机构建设情况如何？ ………… 147
71. 北京市医养结合发展情况如何？ ………… 149
72. 北京市如何推动分级诊疗？ ………… 151
73. 北京市如何推动老年健康服务体系建设？ ………… 153

第6章 北京市老年人参与社会发展 ………… 159

74. 为什么要倡导老年人积极参与社会发展？ ………… 161
75. 为什么要实施延迟退休政策？ ………… 163
76. 国际社会如何开发老年人力资源？ ………… 165
77. 什么是"时间银行"？ ………… 167
78. 老年人参与社区治理的形式有哪些？ ………… 169
79. 基层老年协会是什么？ ………… 171
80. 老年人如何满足精神文化生活？ ………… 173
81. 老年人适合参与哪些体育锻炼？ ………… 175
82. 老年人上网的好处和问题有哪些？ ………… 177
83. 如何处理好家庭内代际关系？ ………… 178

第7章 北京市养老服务人才队伍建设 ………… 181

84. 什么是老龄人才？ ………… 183
85. 什么是养老服务人才？ ………… 185
86. 什么是新职业中的养老服务人才？ ………… 187

87. 养老服务人才有哪些基本权益？ …………………… 189
88. 为什么要建立养老服务人才的合理薪酬制度？ … 191
89. 北京市养老服务人才享受哪些岗位补贴政策？ … 192
90. 当前北京市如何吸引年轻人加入养老服务队伍？ … 195
91. 养老服务人才分类培养需要从哪些方面入手？ … 197
92. 北京市为养老服务人才提供哪些培训服务？ …… 198
93. 北京市如何实施"康养职业技能培训计划"？ …… 199
94. 国际社会关于养老服务人才队伍建设有哪些典型做法？ …………………………………………………… 201

第 8 章　北京市老年友好型社会建设 …………… 205

95. 国际社会关于老年友好的理念有哪些？ ………… 207
96. 什么是老年友好宜居环境？ ……………………… 210
97. 如何衡量社区环境是否对老年人友好？ ………… 212
98. 如何进行社区环境的适老化改造？ ……………… 214
99. 什么是老年友好的住房政策？ …………………… 218
100. 如何进行居家环境的适老化改造？ …………… 220
101. 什么是老年友好的交通环境？ ………………… 224
102. 如何在老年人使用的辅助器具设计中体现老年友好的理念？ ………………………………………… 226
103. 老年友好社会文化氛围的核心内容应包括哪些？ …………………………………………………… 228
104. 如何构建数字包容社会？ ……………………… 231

第 9 章　北京市老年人权益保障 ……………… 235

105. 老年人权益受哪些法律保护？…………………… 237
106. 老年人有哪些特殊权益？………………………… 239
107. 老年人权益受到侵害时如何维权？……………… 244
108. 违反法律损害老年人权益应承担什么法律责任？ …………………………………………… 246
109. "常回家看看"是法定义务吗？………………… 248
110. 如何守好老年人的"钱袋子"？………………… 249
111. 以房养老项目都是骗局吗？……………………… 251
112. 老年人如何防范"套路贷"？…………………… 253
113. 如何保障"老有所居"？………………………… 255
114. 遗产分配中对老年人有没有特殊照顾？………… 256
115. "夕阳团"旅游中如何保护老年人的权益？…… 258
116. 老年人可以拒绝子女们"啃老"吗？…………… 259
117. 再就业的老年人还会受到劳动法的保护吗？…… 261
118. 遗嘱怎么做才有法律效力？……………………… 264

后　记 ……………………………………………… 266

图表目录

图1-1　世界卫生组织健康老龄化的理念 …………… 6
图1-2　积极老龄化的中国路径："五个老有" ………… 15
图2-1　2021年末北京市各区常住人口老龄化率分布
　　　　情况 ……………………………………………… 31
图3-1　社会保险制度框架 ……………………………… 58
图3-2　养老保障制度体系 ……………………………… 60
图3-3　中国养老金体系 ………………………………… 61
图3-4　2017—2021年北京市职工养老金情况 ………… 62
图3-5　2017—2021年北京市职工养老保险参保情况 … 63
图3-6　2017—2021年北京市职工养老保险基金情况 … 63
图3-7　2017—2021年北京市城乡居民月人均养老金
　　　　情况 ……………………………………………… 64
图3-8　2017—2021年北京市城乡居民养老保障参保
　　　　情况 ……………………………………………… 65
图3-9　2017—2021年北京市城乡居民养老保障基金
　　　　情况 ……………………………………………… 65
图3-10　企业年金投资运营模式 ……………………… 66

图3-11	国家社会保险公共服务平台上设立的开户功能区域	69
图3-12	北京通—养老助残卡	72
图3-13	养老助残卡福利和功能图解	73
图3-14	北京农商银行官网	74
图3-15	北京市民政局官网首页	74
图3-16	北京农商银行e服务微信公众号	75
图3-17	发放津贴的方式	79
图3-18	我国城乡社会救助政策体系	80
图3-19	北京市民政局官网（第一步）	84
图3-20	北京市民政局官网（第二步）	84
图3-21	政务服务优待具体项目	85
图3-22	无障碍服务种类	87
图3-23	文化休闲优待具体项目	88
图3-24	维权服务优待具体项目	88
图3-25	不同护理方式的支付标准	90
图3-26	长期护理保险制度筹资方式	91
图4-1	北京市基本养老服务的服务对象	95
图4-2	北京市基本养老服务的服务内容	96
图4-3	北京市"四级三边"养老服务体系	101
图4-4	北京市社区养老服务驿站六大基本服务内容	111
图4-5	北京市养老机构星级结构分布情况（数据截至2021年底）	114
图4-6	常用智慧养老服务产品	120
图4-7	常见智慧养老服务内容及其场景	121
图5-1	老年综合评估五大方面内容	131

图 5-2	健康老年人示意图	132
图 5-3	内在能力的五大维度	136
图 5-4	安宁缓和医疗与临终关怀	144
图 5-5	生前预嘱注册中心网站页面	147
图 5-6	分级诊疗不同医疗机构的功能	152
图 5-7	老年健康服务体系六大板块	155
图 6-1	老年人社会参与主要类型	163
图 6-2	延迟退休年龄改革"四个原则"	163
图 6-3	日本促进老年人就业的政策体系	165
图 6-4	北京市"时间银行"主要服务内容	168
图 6-5	"时间银行"使用流程	169
图 6-6	社区治理的主要形式内容	170
图 6-7	基层老年协会五项职责	172
图 6-8	精神文化需求的六个方面	174
图 6-9	网络冲浪三注意	178
图 7-1	北京市养老护理员岗位奖励津贴补贴标准	194
图 7-2	日本护理人员职业生涯提升路径	203
图 8-1	老年友好城市的八个方面	207
图 8-2	北京市老年友好型社会建设的九个方面	209
图 8-3	全国示范性城乡老年友好型社区标准维度	213
图 8-4	住宅楼单元门改造示意图	215
图 8-5	无障碍坡道实景图	216
图 8-6	垂直式升降平台示意图（左）和斜向式升降平台示意图（右）	216
图 8-7	三面坡缘石坡道及安全岛示意图	217
图 8-8	适合老年人休息的座椅	218

图8-9　无障碍公共卫生间示意图 …………………… 218
图8-10　室内厕所、浴室防滑垫铺设示意图 ……… 221
图8-11　蹲式坑位改造示意图 ……………………… 222
图8-12　坐式马桶改造示意图 ……………………… 222
图8-13　浴室厕所安全扶手改造示意图 …………… 223
图8-14　室内门槛拆除、拓宽，方便轮椅通行 …… 223
图8-15　常见无障碍标识 …………………………… 225
图8-16　辅助设施分类 ……………………………… 227
图8-17　常见老年饮食自助用具 …………………… 227
图8-18　构建数字包容的老年友好社会 …………… 232

表2-1　全国各省份人口老龄化率排行 …………………… 27
表2-2　京津冀人口老龄化情况 …………………………… 29
表3-1　企业年金和职业年金的缴费比例 ………………… 67
表3-2　首批个人养老金保险产品名单 …………………… 71
表4-1　北京市老年人入住养老机构补贴标准 …………… 113
表4-2　智慧养老产品类别及主要产品 …………………… 120
表7-1　养老服务人才主要分类 …………………………… 185
表7-2　北京市养老护理岗位津贴领取资格要求 ………… 193

第1章

人口老龄化的最新理念

1. 什么是人口老龄化？

人口老龄化是社会发展的重要趋势，是人类文明进步的体现，也是今后较长一段时期我国的基本国情。人口老龄化对经济运行全领域、社会建设各环节、社会文化多方面乃至国家综合实力和国际竞争力，都具有深远影响，挑战与机遇并存。满足数量庞大的老年群众多方面需求、妥善解决人口老龄化带来的社会问题，事关国家发展全局，事关百姓福祉。

人口老龄化是指总人口中老年人口比例上升的动态过程。按照联合国提出的标准，一个国家或地区60岁及以上人口超过10%，或者65岁及以上人口超过7%，这个国家或地区即进入老龄化社会。发达国家和地区习惯上是以65岁为老年人的判断标准，而发展中国家和地区习惯上以60岁为老年人的判断标准，这往往与其现行法定退休年龄是一致的。2000年，我国60岁及以上老年人口比例超过10%，开始进入老龄化社会。

全世界都在经历人口老龄化。人口老龄化是一个引人瞩目的全球趋势，世界上几乎每个国家的老年人口数量和比例正在增加。2000—2050年期间，全球60岁或以上人口的占比将翻倍，从11%增长至22%。中国是世界上老年人口数量最多的国家，但不是人口老龄化程度最高，也不是人口老龄化速度最快的国家。联合国数据显示，日本是世界上老年人口比例最高的国家，韩国的人口老龄化速度比中国更快。

我国已经进入中度老龄化社会。当60岁及以上人口比例超过20%时，则进入中度老龄化阶段，当这一比例超过30%，则进入重度老龄化阶段。目前我国已经迈入中度老龄化阶段，预计到2035年左右，我国60岁及以上老年人口将突破4亿，在总人口中的占比将超过30%，进入重度老龄化阶段。

我国人口老龄化有什么特点？我国人口老龄化总体呈现出数量多、速度快、差异大、任务重四大形势特点。

一是老年人口数量多。中国拥有最大规模的老年人口，而且这个地位将在很长时间里继续保持。

二是发展速度快。中国人口老龄化的发展速度，比世界平均水平快一倍多。

三是区域差异大。从城乡来看，城镇地区老年人数量比农村地区多，但农村地区老龄化程度比城镇地区高。从地区来看，老年人口分布呈现出"东高西低，北高南低"的特点。

四是应对人口老龄化任务重。随着老年人口持续增加，人口老龄化程度不断加深，给公共服务供给、社会保障制度可持续发展带来挑战，应对任务很重。

2. 什么是健康老龄化？

健康老龄化的理念构想经由世界卫生组织（WHO）提出后，在全球产生了持续而广泛的影响。老年群体的健康长寿不仅是美好愿望，也是可以努力实现的。典型的老年人并不存在，实际生活中，常常可以看到，同样年龄的老年人，他们的健康状况、参与程度和独立生活能力是千差万别的。

健康老龄化的定义是什么？ 健康老龄化于20世纪90年代开始在全球广泛传播，强调提高大多数老年人的生命质量，缩短其带病生存期，使老年人以正常的功能健康地存活到生命终点。世界卫生组织在2015年10月1日联合国国际老年人日，发布了《关于老龄化与健康的全球报告》，进一步丰富和深化了对健康老龄化的认识，提出健康老龄化是发展和维持老年健康生活的功能发挥。可见，这一定义更多是从老年人实际生活状况的角度去认定健康问题，而不局限于罹患疾病的情况。很多老年个体可能会患有一种或多种疾病，如果能对这些疾病进行良好控制，他们仍然可以进行正常生活和活动。

良好的功能发挥意味着老年人可以维持生活独立性，建立和保持各种关系，持续参与社会和实现个人价值。对老年人而言，保持日常活动的能力，可以做自己想做的事，去自己想去的地方，无疑是健康美好生活的关键所在。这就要求以老年人为中心，采取综合性措施，提供适合的医疗和照护服务，打造老年友好宜居环境，改善老年人的身体健康，促进老年人的能力发挥。

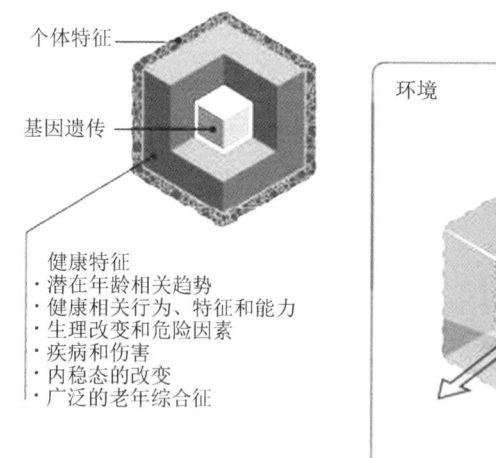
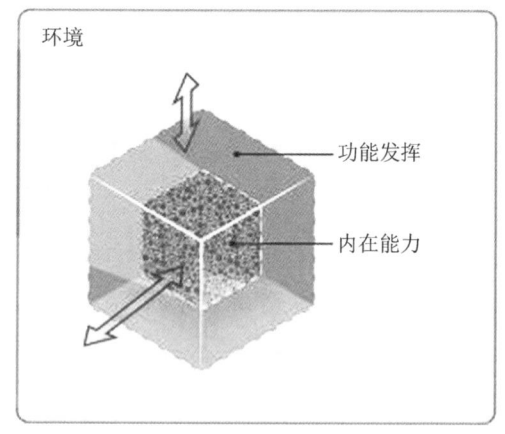

图1-1 世界卫生组织健康老龄化的理念

如何树立健康老龄化理念？第一，以生命历程的视角来看待健康。健康老龄化理念的核心在于以生命历程的视角来看待健康，对健康进行长期的、全面的干预和促进，增加健康寿命。健康老龄化贯穿整个生命过程，并且与每个人都息息相关。第二，提升主动健康意识。有了健康，即使高龄也不是问题。没有健康，即使低龄也是问题。个人行为与生活方式因素对健康的影响占到60%，提升主动健康意识和能力是实现个体健康老龄化的重要保障。老年人应主动掌握健康知识，提升健康素养，积极践行健康生活方式。第三，提升积极生活意识。老年仍然是有作为、有进步、有快乐的重要人生阶段，健康老龄化重点不在于终身无病，而是尽可能地来发展和维持身体功能，积极而不是被动地养老、乐观而不是消极地养老。

3. 什么是健康中国战略？

2016年全国卫生与健康大会强调"加快推进健康中国建设，努力全方位全周期保障人民健康"，随后中共中央、国务院印发《"健康中国2030"规划纲要》。党的十九大做出实施健康中国战略的决策部署，党的十九届五中全会提出到2035年"建成健康中国"的宏伟目标。

如何认识健康中国战略？人的行为方式和环境因素对健康的影响越来越突出，健康已经不能再就一个点、一条线、一件事单独来考量了，"合纵连横"是大势所趋。从人民生活的角度看，健康中国战略意味着人人参与健康行动，人人享有健康服务，人人享受幸福、健康的生活。从国家发展的角度看，健康中国建设已经成为国家战略，全面推进健康中国建设是我国卫生健康事业发展理念的重大创新、发展方式的重大转变，是把保障人民健康放在优先发展的战略位置，全方位全周期保障人民健康。

健康中国的战略主题是什么？ "共建共享、全民健康"是建设健康中国的战略主题，也即推动社会共建共享，人人自主自律，实现全民健康。"共建共享"是建设健康中国的基本路径，要统筹社会、行业和个人三个层面，坚持政府主导，动员全社会参与，推动人人参与、人人尽力、人人享有，在"共建共享"中实现"全民健康"。"全民健康"是"建设健康中国的根本目的"，立足全人群和全生命周期两个着力点，提供"公平可及"和"系统连续"的健康服务，强化对生命不同阶段主要健康问题及主要影响因素的有效干预，实现更高水平的全民健康。

健康中国的战略任务是什么？ 建设健康中国，既要靠医疗卫生服务的"小处方"，更要靠社会整体联动的"大处方"，针对个人生活与行为方式、医疗卫生服务与保障、生产与生活环境等健康影响因素，提出普及健康生活、优化健康服务、完善健康保障、建设健康环境、发展健康产业等五个方面的战略任务。

一是普及健康生活。从健康促进的源头入手，引导群众形成合理膳食、适量运动、戒烟限酒、心理平衡的健康生活方式。

二是优化健康服务。以妇女儿童、老年人、贫困人口、残疾人等人群为重点，为群众提供更优质的健康服务。

三是完善健康保障。通过健全全民医疗保障体系，实现保障能力长期可持续。

四是建设健康环境。针对影响健康的环境问题，建设健康城市和健康村镇。

五是发展健康产业。区分基本和非基本健康服务，优化多元办医格局，支持发展健康服务新业态，积极发展健身休闲运动产业，不断满足群众日益增长的多层次多样化健康需求。

健康中国建设中有哪些推进健康老龄化的政策举措？健康老龄化是推进健康中国战略的重要内容，回应不断增长和变化的老年人健康需要，我国深入推进医养结合，推动建设老年健康支撑体系，努力提高老年人健康水平。围绕强化健康服务供给侧结构性改革，全面推进健康老龄化，我国出台了一系列政策文件。《"十四五"健康老龄化规划》明确了今后一段时期内推进健康老龄化的路线图和任务书。《"十四五"国民健康规划》首次把健康预期寿命作为一个主要发展指标，表明人民群众不仅关注预期寿命的长度，而且更希望能改善健康状况。

"十四五"健康老龄化九大行动

- ◆ 强化健康教育，提高老年人主动健康能力；
- ◆ 完善身心健康并重的预防保健服务体系；
- ◆ 提升老年医疗服务水平；
- ◆ 健全居家、社区、机构相协调的失能老年人照护服务体系；
- ◆ 深入推进医养结合发展；
- ◆ 发展中医药老年健康服务；
- ◆ 加强老年健康服务机构建设；
- ◆ 提升老年健康服务能力；
- ◆ 促进健康老龄化的科技和产业发展。

---

4. 如何推动健康中国行动？

健康中国战略强调坚持预防为主，倡导健康文明生活方式，预防控制重大疾病。为加快推动从以治病为中心转变为以人民健康为中心，动员全社会落实预防为主方针，我国制定了《关于实施健康中国行动的意见》《健康中国行动（2019—2030年）》，在全国范围内持续组织实施健康中国行动。

健康中国行动包括哪些内容？ 围绕干预健康影响因素、维护全生命周期健康和防控重大疾病三大方面，组织开展15个专项行动。每个行动都从个人、社会、政府三方面，按照"为什么要做、做成什么样、怎么做"的思路展开，不仅有政府的具体任务，还有对社会和公众的健康建议。

一是针对个人行为与生活方式、生活环境的行动。个人行为与生活方式、生活环境对健康的影响分别占到60%、17%。这方面的行动包括健康知识普及、合理膳食、全民健身、控烟、心理健康和健康环境促进，旨在加强早期干预。

二是针对重点人群的行动。围绕妇幼、中小学生、劳动者、老年人等重点人群面临的一些特殊问题，进行全方位干预，其中就包括老年健康促进行动。

三是针对当前的重大疾病的行动。围绕重大疾病防治工作的突出问题进行重点干预。

老年健康促进行动的任务目标是什么？ 老年健康促进行动在个人和家庭、社会、政府三个层面包含了9项指标。围绕这些指标，明确了个人、家庭、社会、政府各个方面的要求，覆盖23项具体行动内容。

一是结果性指标。一是在未来的10年，65—74岁老年人失能的发生率要有所下降。二是65岁及以上人群老年期痴呆患病率增速下降。

二是政府工作指标。这方面的指标包括：二级以上综合医院设置老年医学科比例；三级中医医院设置康复科比例；养老机构以不同形式为入住老年人提供医疗卫生服务比例。

三是个人和社会的倡导性指标。一是老年健康核心信息知晓率不断提高。二是提倡老年人参加定期体检。三是鼓励和支持老年大学、老年活动中心、老年协会、有资质的社会组织等为老年人组织开展健康活动。四是鼓励和支持社会力量参与、兴办居家养老服务机构。

5. 如何推动健康北京建设？

健康北京建设全面落实健康中国、全民健身国家战略，推动将医疗卫生、体育健身、生态环境等领域统筹融合发展，提升体育发展质量和效益，推动全人群、全方位、全生命周期保障人民健康，为推动首都高质量发展、创造高品质生活奠定坚实的健康基础。

健康北京建设的目标是什么？到 2025 年，健康服务体系与首都城市战略定位、人民健康需求更加匹配。首都体育事业发展水平加快提升，高品质健康服务更加公平可及，健康科技创新更富活力，健康环境更加优美宜居，市民健康素养达到新水平。

到 2035 年，现代化的健康服务体系全面建成，居民健康水平达到国际领先水平，健康环境根本改善，健康科技创新实力位居世界前列，体育强市成效显著，成为国家全民健身典范城市和首都国际体育名城，建成居民身心和谐、世界领先的健康城市。

健康北京建设的特点是什么？一是以服务促健康。持续创新健康服务体系，优化妇幼、儿童、老年人等重点人群健康服务。北京市把推进实现健康老龄化作为最有效、最经济、最可持续、最符合国情市情的积极应对人口老龄化举措，引导全社会树立全生命周期的健康服务理念，构建综合连续、覆盖城乡、就近就便的老年健康服务体系和"预防、治疗、照护"三位一体的老年健康服务模式。二是以体育促健康。推动"体医融合"，充分发挥科学健身在健康促进、慢性病预防和康复等方面的特色作用，积极推广覆盖全生命周期的运动健康服务。打造群众身边以"15分钟健身圈"为基础的全民健身设施网络，发展群众喜闻乐见的运动项目和生活化的体育主题活动。三是以治理促健康。推进从单纯卫生健康系统向社会整体联动转变，将健康融入所有政策，合力推进健康北京建设。提升健康治理现代化水平，增强公共卫生事件应对能力，深化医药卫生体制改革创新，打造多层次高质量人才队伍，推进京津冀健康事业协同发展。

6. 什么是积极老龄化？

进入 21 世纪，全球老龄化带来的挑战愈加凸显。随着人们活得更久，如何帮助人们在老龄化过程中保持独立生活并且活跃？如何促进老年人健康，改善老年人的生活质量？如何平衡家庭和国家的作用，给予老年人在经济、照料、住房等方面的支持和保障？如何激发老龄化的价值，促进社会的可持续发展？这些问题需要进一步进行理念和行动上的改革创新。

积极老龄化是健康老龄化的升级版。尽管存在诸多严峻挑战，但老龄化依然蕴含着巨大价值，老年人是社会宝贵资源。如果能让长寿的过程始终伴随持续的健康、参与和保障等方面的机会，那么老龄化的挑战也将迎刃而解。世界卫生组织采用"积极老龄化"这个术语来表达获得这个美好目标的过程。2002 年，世界卫生组织在第二届世界老龄大会上提出了"积极老龄化"理念，作为"健康老龄化"的升级版，其基本含义是"提高老年人的生活质量，创造健康、参与、保障（安全）的最佳机遇"。积极老龄化就是要让人们认识到自己在一生中体力、社会以及精神方面的潜能，按照自身需求、愿望和能力去参与社会，当需要帮助时，社会应给予必要的保护、保障和照料。

"积极老龄化"中"积极"一词有其特定意涵。我国老年学的开拓者与奠基者，中国人民大学荣誉一级教授邬沧萍指出，"积极"一词不单是指积极地获得健康，也包括能持续参与社会、经济和文化生活。不仅那些从工作岗位上退休的健康老年人可以积极参与社会活动，那些患病或残疾的老人也能对其家庭、社区和国家做出积极贡献。此外，"积极"还体现为政府、研究者和社会大众都应该有所作为。老龄政策制定者要弄清楚是什么决定老年人的健康活力，学者要搜集成功保持老年人健康活力的干预方法，公众则要清楚如何才能保持健康活力。

7. 如何促进积极老龄化？

世界卫生组织《积极老龄化：政策框架》已经成为指导有关老龄化行动的国际文件。在该政策框架中，明确将健康、参与和保障作为积极老龄化的三根支柱，体现了对老年人权利的保障以及对联合国关于独立、参与、照顾、自我实现和尊严的老年人原则的遵循。

积极老龄化的三根支柱：健康、参与和保障。对老年人而言，积极老龄化意味着终身健康、终身参与、终身有保障。这需要卫生部门和各个部门通力合作，也需要老年人及其家庭内外代与代之间的相互支持。

健康。降低慢性病和机能下降的风险因素，增加保护性因素，保障大多数人进入老年后仍能保持健康和生活自理。对于那些确实需要照料的人，则应让他们享受到全方位的健康和社会服务。

参与。劳务市场、就业、教育、卫生及社会政策和项目要根据个人的能力需要和喜好支撑老年人参与社会经济、文化和精神活动，使人们在进入老年以后还可以通过收入性和非收入性的活动为社会继续做出各种各样的贡献。

保障。全社会在保障人们在变老过程中的社会、经济、人身安全上的需要和权利的同时，还要保障老年人在不能维持和保护自己的情况下获得保护、照料和尊严，支持家庭和社区通过各种努力照料其老年成员。

积极老龄化的中国路径："五个老有"。《中华人民共和国老年人权益保障法》对积极老龄化的内容和要求予以了充分体现，明确规定："健全保障老年人的各项制度，逐步改善保障老年人生活、健康、安全以及参与发展的条件，实现老有所养、老有所医、老有所为、老有所学、老有所乐。"各地通过持续编制实施老龄事业五年规划，在老有所养、老有所医、老有所为、老有所学、老有所乐上不断取得新进展，让老年人共享改革发展成果、安享幸福晚年。

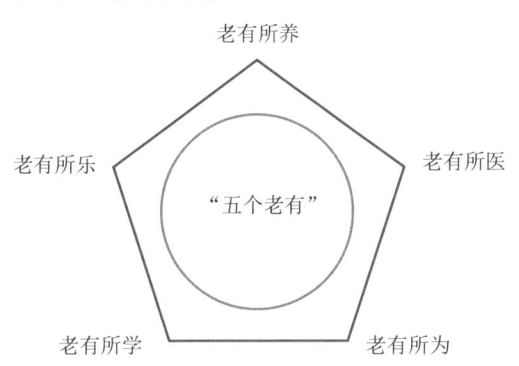

图 1-2 积极老龄化的中国路径："五个老有"

8. 如何理解积极老龄观？

老龄观是对老年人及人口老龄化现象的认知和看法。在人口老龄化现象出现以后，普遍存在将人口老龄化视为危机、负担或包袱的悲观消极思维。为扭转这种消极老龄观，基于研究发现和实践探索，国际社会提出了成功老龄化、健康老龄化、生产性老龄化、积极老龄化等理念和倡导。这些理念强调更多思考人口老龄化可能蕴藏的积极方面，是积极老龄观产生的思想认识基础。中国在几千年的文明历史进程中积淀出尊老敬老的文化传统和积极养老精神，是积极老龄观产生的历史文化基础。

积极老龄观回答对人口老龄化"怎么看"的问题。习近平总书记高屋建瓴地指出，积极老龄观的首要内涵就是"要积极看待老龄社会，积极看待老年人和老年生活，老年是人的生命的重要阶段，是仍然可以有作为、有进步、有快乐的重要人生阶段"。

积极看待老龄社会。积极看待老龄社会就是要辩证看待人口老龄化，既要充分认识人口老龄化带来的问题和挑战，更要认识到人口老龄化是人类社会发展的客观趋势，要主动以制度变革适应人口结构变化，深入挖掘老龄社会潜能，激发老龄社会活力。

积极看待老年人。积极看待老年人就是要充分肯定广大老年人为社会发展做出的重要贡献，发挥老年人积极作用，真正把广大老年人当作社会的宝贵财富，当作党执政兴国的重要资源，当作推进中国特色社会主义伟大事业的重要依靠力量，努力在全社会营造敬老、爱老、助老的氛围。

积极看待老年生活。积极看待老年生活，就是要把老年期当作个人生命中仍然可以有作为、有进步、有快乐的重要人生阶段。把老有所为同老有所养结合起来，鼓励老年人以各种形式继续发光发热。

需要强调的是，积极老龄观不是简单地把老年人等同于脆弱、疏离、累赘和依赖他人者，而是充分肯定和帮助老年人继续发挥对于家庭和社会的作用和价值；也不是简单地认为只有"活跃""参与"才具有积极意义，而是充分看到很多老人面临着诸多健康问题和生活挑战，必须予以完备的社会支持和保障。

积极老龄观回答对人口老龄化"怎么干"的问题。以积极老龄观为引领，将应对人口老龄化置于经济社会发展全局中，坚持应对人口老龄化和促进经济社会发展相结合，坚持满足老年人需求和解决人口老龄化问题相结合，着力挖掘人口老龄化给国家发展带来的活力和机遇，努力满足老年人日益增长的物质文化需求。

以积极老龄观为引领，构建积极能动的老龄政策体系。所谓积极的是指乐观的、不悲观的，推动老龄工作向主动应对转变，向统筹协调转变，向加强人们全生命周期养老准备转变，向同时注重老年人物质文化需求、全面提升老年人生活质量转变。化挑战为机遇，深度发掘长寿时代下中国老龄社会的潜藏价值。所谓能动的是指扬长避短、以长补短，充分发挥我们国家治理体系优势，坚持党委领导、政府主导、社会参与、全民行动相结合，形成多元主体责任共担、老龄化风险梯次应对的新局面。加强家庭建设，巩固家庭养老基础地位，建设具有民族特色、时代特征的孝亲敬老文化。

9. 如何理解积极应对人口老龄化？

2002年，我国代表团团长司马义·艾买提在第二次世界老龄大会发言中提出："各国根据本国国情将老龄问题纳入经济和社会发展计划，使老年人与其他社会成员一起共享人类进步的成果，这是各国政府的共同责任，也是全球社会的责任。"学习借鉴国际社会积极老龄化先进理念和改革创新，立足中国国情和实践探索，我国于2006年提出了积极应对人口老龄化的战略思想。

积极应对人口老龄化是我国一项创新的战略思维。积极应对人口老龄化是积极老龄化的中国化的升级版。邬沧萍教授指出，"积极老龄化"与"积极应对人口老龄化"虽然只有四字之差，但它体现出中国特色社会主义理论、道路和制度的智慧。"积极应对人口老龄化"把应对的重点从个体老龄化升华为应对群体（人口）老龄化，是因为我国"未富先老、未备先老"，必须把老龄化和发展联系起来，为此，应在"健康、参与、保障"三根支柱下面加三块基石："发展、和谐、共享"。"发展"是指提高劳动生产率和社会文明进步等，"和谐"就是构建和谐社会,"共享"主要是指构建"不分年龄,人人共享"的社会。

积极应对人口老龄化的精神实质是要乐观积极来应对。积极应对人口老龄化事关实现"两个一百年"奋斗目标,事关实现中华民族伟大复兴的中国梦,关系重大。我国老年人口规模大,老龄化速度快,老年人需求结构正在从生存型向发展型转变,老龄工作还存在发展不平衡不充分等问题,积极应对人口老龄化重要性和紧迫性日益凸显,任务更加艰巨繁重。但是也要看到,我国具备坚实的物质基础、充足的人力资本、历史悠久的孝道文化,完全有条件、有能力、有信心解决好这一重大课题,迎接人口老龄化这一人类社会发展的客观趋势。

10. 中国积极应对人口老龄化进展如何?

党的十八大以来,以习近平同志为核心的党中央高度重视老龄事业,明确积极应对人口老龄化为国家战略。国务院及其有关部门出台一系列政策措施,各级各地全方位推进积极应对人口老龄化工作。

积极应对人口老龄化上升为国家战略。2012年12月,《中华人民共和国老年人权益保障法》第一次进行全面修订,首次提出积极应对人口老龄化是国家的长期战略任务。党的十九届五中全会适时决定"实施积极应对人口老龄化国家战略"。《国民经济和社会发展第十四个五年规划和二〇三五年远景目标纲要》在"实施积极应对人口老龄化国家战略"的条目下,主要阐述了"人口发展""开发老龄人力资源""养老服务"等问题,点明了实施积极应对人口老龄化国家战略的切入点。实施积极应对人口老龄化国家战略体现了最高层级的国家意志与发展定位，是从党和国家事业发展全局做出的重大部署，具有划时代和里程碑意义。

积极应对人口老龄化中长期行动蓝图已经绘就。2019年10月，党中央、国务院印发《国家积极应对人口老龄化中长期规划》，构建了由"财富""人力""服务""科技""环境"五部分组成的政策框架。立足首都城市发展实际，北京市已经研究出台《北京市积极应对人口老龄化实施方案（2021年—2025年)》，全面搭建了北京市应对人口老龄化的政策体系和服务体系，并制定了北京市积极应对人口老龄化能力评价指标体系，涉及社会保障、养老服务、健康服务、老年教育、老年人科技应用支持、老年友好社区建设、京津冀养老区域协同等多个方面。

"一老一小"民生托育工作持续推进。聚焦"一老一小"养老托育这一社会痛点难点问题，中央不断部署，推动养老托育服务一体规划、一体实施、一体突破。着眼于创新统筹推进机制，全方位整合资源力量，北京市积极引导市场、社会力量发展城乡社区托育、养老等服务业态。统筹推动各区制订"一老一小"整体解决方案，加大土地、财政、投融资、人才等方面的支持，推动养老托育服务健康快速发展。

新时代积极应对人口老龄化更为有力。继《国家积极应对人口老龄化中长期规划》之后，《中共中央　国务院关于加强新时代老龄工作的意见》《"十四五"国家老龄事业发展和养老服务体系规划》相继出台，共同构成了实施积极应对人口老龄化国家战略、实现老龄事业和产业高质量发展的顶层设计，强调把积极老龄观、健康老龄化理念融入经济社会发展全过程。

贯彻落实国家政策要求，北京市发布了《关于加强新时代首都老龄工作的实施意见》《北京市"十四五"时期老龄事业发展规划》，提出以实施积极应对人口老龄化国家战略为统领，把积极老龄观、健康老龄化理念融入首都经济社会发展全过程，以加快完善社会保障、养老服务、健康支撑体系为重点，健全完善老龄政策体系和制度框架，在实现老有所养、老有所医、老有所为、老有所学、老有所乐方面建首善、创一流。

第2章

北京市人口老龄化的形势

11. 北京市是什么时候进入老龄化社会的？

　　北京在20世纪90年代初已进入老龄化社会，是我国人口老龄化最早出现的省区市之一。国际上通常用老年人口比重作为衡量人口老龄化的标准，老年人口比重越高标志着人口老龄化程度也越高。一般把60岁及以上的人口占总人口比重达到10%，或65岁及以上的人口占总人口的比重达到7%作为一个国家或地区进入老龄化社会的标准。1990年第四次全国人口普查的数据显示，当年北京市60岁以上人口占总人口的比重为10.27%，65岁及以上老年人口占总人口的比重为7.04%，这标志着北京在20世纪90年代已进入老龄化社会。

20世纪90年代团结湖公园西门广场很大很大
三环还没有……
但北京已经进入老龄化社会了……

生育率下降、平均期望寿命延长以及早期的人口迁移，特别是社会经济的快速发展是导致北京人口老龄化的主要原因。20世纪90年代，随着计划生育政策的实施，我国生育水平总体快速下降，北京市的出生人口数量也开始出现大幅减少，这在一定程度上加快了北京市人口老龄化的速度。新中国成立后，随着人民生活水平的提高与医疗条件的改善，人口死亡率尤其是婴幼儿的死亡率大幅度降低。改革开放后，我国的医疗条件获得了进一步的提升，中老年人的健康相应得到了更多的关注。上述主要原因使得北京市的平均预期寿命延长，老年人口的比重提高。北京作为我国首都，自新中国成立以来各项经济社会事业蓬勃发展，对劳动力的需求较大。1949—1960年，大量劳动年龄人口迁入北京，到1990年前后，这批迁入人口已进入或接近老年期，这也在一定程度上进一步加速了北京的老龄化进程。

12. 现阶段北京市人口老龄化在全国处于什么位置？

与全国其他省区市相比，现阶段北京人口老龄化的程度处于"居中"的位置。根据2020年第七次全国人口普查数据，以60岁及以上的人口占总人口比重为标准将全国各省区市的人口老龄化程度进行排序，北京的人口老龄化程度略高于全国平均水平（18.70%），在全国处于"居中"的位置，在全国31个省区市中排名第14位。在我国4个直辖市中，北京（19.63%）排在上海（23.38%）、重庆（21.87%）、天津（21.66%）后，居第4位。

表2－1　全国各省份人口老龄化率排行

排名	省份	60岁及以上人口占总人口比重（%）	65岁及以上人口占总人口比重（%）
1	辽宁	25.72	13.52
2	上海	23.38	13.3
3	黑龙江	23.22	14.75
4	吉林	23.06	13.92
5	重庆	21.87	12.9
6	江苏	21.84	13.05
7	四川	21.71	17.42
8	天津	21.66	15.61
9	山东	20.9	15.61
10	湖北	20.42	16.28
11	湖南	19.88	16.2
12	河北	19.85	13.27
13	内蒙古	19.78	15.01
14	北京	19.63	11.1
15	陕西	19.2	11.89
16	山西	18.92	15.13
17	安徽	18.79	13.49
18	全国	18.73	14.59
19	浙江	18.7	14.81
20	河南	18.08	8.58
21	甘肃	17.03	12.2
22	江西	16.87	10.43
23	广西	16.69	17.08

(续表)

排名	省份	60 岁及以上人口占总人口比重（%）	65 岁及以上人口占总人口比重（%）
24	福建	15.98	16.93
25	贵州	15.38	11.56
26	云南	14.91	10.75
27	海南	14.65	5.67
28	宁夏	13.52	13.32
29	广东	12.35	12.58
30	青海	12.14	8.68
31	新疆	11.28	9.62
32	西藏	8.52	7.76

数据来源：《中国人口普查年鉴（2020）》。

13. 现阶段北京市人口老龄化在京津冀地区处于什么水平？

近年来，京津冀人口社会经济协同发展受到各界的广泛关注。与津冀相比，北京市人口老龄化水平低于天津市与河北省。

2020年第七次全国人口普查的数据显示，北京市60岁及以上常住人口为429.9万人，占全市常住总人口的比例为19.63%；天津市60岁及以上常住人口为300.3万人，占全市常住总人口的比例为21.66%；河北省60岁及以上常住人口为1481.2万人，占全省常住总人口的比例为19.85%。即在2020年开展第七次全国人口普查时，北京市和河北省处于轻度老龄化的末期，而天津市已进入中度老龄化社会。

表 2-2 京津冀人口老龄化情况

排名	省份	60岁及以上人口总数(人)	60岁及以上人口占总人口比重(%)	65岁及以上人口数(人)	65岁及以上人口占总人口比重(%)
1	天津	3002688	21.66	2045692	15.61
2	河北	14812048	19.85	10387937	13.27
3	北京	4298590	19.63	2912060	11.1

数据来源：《中国人口普查年鉴（2020）》。

14. 现阶段北京市人口老龄化有哪些基本特征？

现阶段北京人口老龄化具有程度深、高龄化、抚养重、性别与区域差异显著的突出特征。

一是北京人口老龄化程度较深，已进入中度老龄化社会。《北京市老龄事业发展报告（2021）》相关数据显示，截至2021年底，北京市60岁及以上常住人口441.6万人、65岁及以上常住人口311.6万人，占常住总人口的比例分别突破20%和14%，标志着北京已正式跨入中度老龄化社会。

二是北京高龄老人占比稳定，长寿特征十分明显。2019—2021年，北京市80岁及以上户籍人口占总人口的比例均为4.5%，占比稳定，80岁及以上老年人口数量由63.1万人增加至64.3万人。2021年，北京市户籍居民平均预期寿命为82.47岁，位于全国省区市前列。

三是北京老年抚养比持续上升。抚养比是指抚养人口数与劳动人口数之比。按15—59岁劳动年龄户籍人口抚养60岁及以上户籍人口计算，截至2021年底，北京市老年抚养比为47.3%，相较2020年又上升1.2个百分点，这意味着北京市每2.1名户籍劳动力抚养1名老年人，家庭养老负担持续加重。

四是北京老年人性别差异显著,性别比下降趋势明显。截至 2021 年底,北京市 60 岁及以上户籍人口中,性别比为 89.7 (以女性为 100,男性与女性之比)。2019—2021 年,老年人口性别比持续下降,由 90.6 降至 89.7。在 80 岁及以上的高龄老年人群体中,性别比连续下降幅度更大,由 82.4 降至 77.4,女性老年人在老年人口中的数量优势越来越明显。这说明随着年龄增长,老年人性别差异更加显著,女性老年人平均预期寿命更长。

五是北京人口老龄化城乡及区域差异显著。根据 2020 年第七次全国人口普查数据,北京农村 60 岁及以上老年人口占农村总人口的比例为 22.9%,比城市高出 3.5 个百分点,老龄化呈现出"城乡倒置"鲜明特点。截至 2021 年底,北京城六区户籍老年人口 246.3 万人,占全市老年人口的 55.8%。全市老年人口比例最高的区是东城区(27.0%),与最低的昌平区(14.9%)相差逾 12 个百分点,老龄化区域差异显著。

15. 现阶段北京市人口老龄化的区域分布有哪些主要特征?

总体上看,北京市人口老龄化的区域差异十分明显,在空间分布上呈现出"内高外低"的特征,从动态上看,中心城区的老龄化程度增速高于郊区。

截至 2021 年底,北京市 16 个区中,60 岁及以上常住人口数量排在前三位的是朝阳区、海淀区和丰台区,分别为 72.8 万人、60.9 万人和 49.6 万人。60 岁及以上常住人口老龄化程度排在前三位的是东城区、西城区、石景山区,分别为 27.0%、26.9%、

25.1%。从各区常住人口老龄化阶段来看，东城区、西城区、朝阳区、丰台区、石景山区、门头沟区、怀柔区、平谷区、密云区、延庆区10个区处于中度老龄化阶段。同时，北京市中心城区的老龄化程度增速也快于郊区。以2020年与2021年的统计数据为例，与2020年相比，中心城区常住老年人口增加8.4万人，增长3.5%；郊区常住老年人口增加3.3万人，增长1.7%。

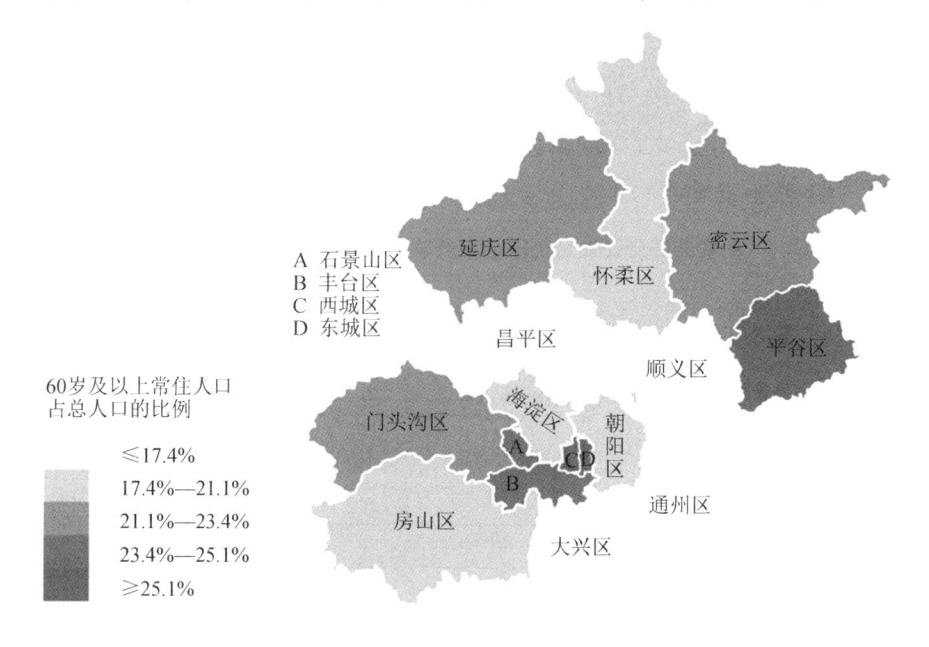

图2-1　2021年末北京市各区常住人口老龄化率分布情况

数据来源：《北京市老龄事业发展报告（2021）》。

16. 未来北京市人口老龄化的发展态势如何？

北京市老年人口的基数较大，人口老龄化快速发展将成为新常态。

现阶段，北京已进入中度老龄化社会。《北京市"十四五"时期老龄事业发展规划》指出，预计到"十四五"末，北京市人口老龄化水平将达到24%；到2035年，老年人口将达到接近700万人，人口老龄化水平将超过30%，届时将进入重度老龄化。当前，高龄老年人比例略有降低，80岁及以上老年人口所占比例呈现小幅下降趋势，但"十四五"之后，随着第一次生育高峰出生人口开始步入高龄，到2035年，高龄老年人口将突破100万人，社会抚养比持续增长，高龄化趋势加速。

17. 未来北京市老龄服务需求将有哪些主要特征？

预计未来北京市养老服务的需求将呈现出以下四方面主要特征：

一是对于健康养老服务的需求日益突出。《北京市"十四五"时期老龄事业发展规划》指出，预计未来健康养老将成为最迫切、最突出的需求。当前，北京户籍人口平均预期寿命已超过82岁，健康长寿成为老年群体的最大愿望。随着人口老龄化进程进一步加快，失能、半失能的高龄老年人大幅增加，老年人的健康和照护问题将成为人口老龄化过程中最为突出的问题，医疗卫生服务需求和生活照料需求叠加的趋势将越来越显著。

二是对于精神文化和自我实现的需求将日益增多，养老服务需求的个体化、差异化将日益显现。随着代际更替和收入水平的稳步提升，老年群体需求总体上由生存型向发展型、享受型转变，关注重点将由生活保障向生活品质、精神愉悦转变。老年人渴望更加丰富多彩、有尊严的晚年生活，这对发展多层次、精准化的养老保障体系和服务供给提出了更高要求。

三是对自身权益保护的需求将日益增多。伴随年龄的增长，老年群体面临着因身体机能不断下降与民事行为能力逐渐丧失带来的权益保护问题，对于家庭法律服务、家庭支持服务与健康管理服务等老年人权益保护服务的需求将日益增多，需进一步完善有关老年人权益保障法律法规，建立老年人、家庭、社会组织、政府部门多元协同的老年人权益保护机制。

四是老年群体对于老年宜居环境的需求将不断提高。随着北京市人口老龄化进程的加快，现有无障碍环境与适老化建设水平已难以满足老年群体对于老年宜居环境的需求，需进一步加快社区与其他生活性服务场所的适老化改造，推进居住社区无障碍规范化建设和改造，示范建设一批老年友好型社区，推动老年宜居环境与老年友好型社会建设。

18. 人口老龄化对北京市经济社会发展产生了哪些重要影响？

人口是经济社会发展的基本要素，人口老龄化的趋势对北京市社会经济的影响主要体现在对经济发展的影响以及对社会保障与社会福利事业发展的影响。

对经济发展的影响。当前，北京市人口老龄化快速发展，劳动年龄人口呈现出数量下降与内部老化的鲜明特征，这将导致劳动参与率下降，进而造成劳动力供给不足，并最终给经济增长和产业结构转型升级造成压力。人口老龄化程度的不断加深所带来的人口结构变动将会对北京市经济社会的高质量发展造成一定压力，积极应对人口老龄化是北京市建设国际一流的和谐宜居之都的必然要求，也是落实"四个中心"城市战略定位、履行"四个服务"基本职责的内在要求。

对社会保障和社会福利事业发展的影响。随着北京市的老龄化程度不断加深，老年抚养系数持续上升，家庭与社会的养老负担加重。人口结构的变动将进一步增加北京市医保和社保的开支，使得社会保障的负担加重。同时，随着北京市人口老龄化程度的加深与社会福利水平的提高，老年群体对于社会福利的需求也将不断增加，老年人社会福利的相关支出将给北京市财政带来一定压力。此外，老年群体对于养老服务需求的增长将推动北京市老龄产业的发展，为国际科技创新中心建设、全球数字经济标杆城市建设、国际消费中心城市建设提供新的发展动力与增长点。应统筹高等学校、科研院所和企业等创新资源，构建产学研相结合的科技创新团队，依托首都技术优势、强化科技支撑，为老年人提供综合化智慧服务，以满足多样化、个性化健康养老需求。

19. 近年来北京市积极应对人口老龄化取得了哪些成效？

自党的十八大以来，北京市立足首都城市战略定位和人口老龄化发展新格局，坚持把老年人对美好生活的向往作为奋斗目标，采取积极、主动、科学应对人口老龄化措施，优化顶层设计，加强政策创制，健全服务体系，构建老年友好型社会，营造养老敬老孝老社会氛围，推动首都老龄事业高质量发展。北京市积极应对人口老龄化所取得成效主要体现在以下七方面：

一是老龄工作机制不断强化。北京市充分发挥市老龄委统筹协调作用，"党委统一领导、政府依法行政、部门密切配合、群团组织积极参与、上下左右协同联动"的老龄工作机制逐步完善。

二是老龄政策体系更加完备。十年来，全市制定出台涉老惠老政策100余项，形成了以老龄事业发展规划为蓝图，以《北京市居家养老服务条例》为基础，以老年社会保障体系、老年健康服务体系、养老服务体系等为主要支撑，推动老龄事业高质量发展的老龄政策体系。

三是老年民生保障水平稳步提升。党的十八大以来，北京市继续增加企业退休人员养老金，城乡居民基础养老金增长近一倍、福利养老金增长近两倍，促进了广大老年人共享首都经济社会发展成果。建立健全集基本医疗保险、大病医疗保险、医疗救助以及其他各类商业健康保险产品于一体的多层次医疗保障体系，覆盖全体城乡老年人。进一步扩大老年人社会优待范围，覆盖全市60岁及以上常住老年人口。

四是养老服务体系日趋完善。统筹推进居家、社区、机构养老服务"三位一体"协调发展，构建"三边四级"就近养老服务体系。2012—2021年，全市建成运营养老机构从400家增长至579家；街乡镇养老照料中心、社区养老服务驿站、养老家庭照护床位建设从无到有，分别建成运营276家、1112家和3500张。全市累计发展养老助餐点1015个。关注"三失一高一独"等重点老年群体，仅2021年就累计向困难、失能、高龄老年人发放养老服务补贴津贴27.39亿元，月均发放87.14万人次。

五是老年健康服务体系初见成效。持续开展老年友善医疗机构建设，2021年底，全市472家医疗机构建设成为老年友善医疗机构，创建率达到81.2%。加强医养结合机构建设，全市医养结合机构205家，其中两证齐全的187家，医养结合床位数6.15万张，实现养老机构医疗服务全覆盖。已建设2所安宁疗护指导中心、9个安宁疗护示范基地。完善老年健康服务，北京市基层医疗卫生机构为老年人建立健康档案391万份，占60岁及以上老年人总数的91%。

六是老年友好型社会建设有序推进。结合首都"疏解整治促提升"专项行动，持续推进老旧小区综合整治工作。2021年底，全市累计确认1066个小区列入改造项目，累计开工665个小区、完工295个小区。积极推进示范性老年友好型社区创建工作，全市61个社区被命名为"全国示范性老年友好型社区"；53个社区被命名为"2021年北京市老年友好型社区"。全市累计加装电梯2261部，为2万多户居民提供便利，加装电梯速度、效果和质量处在全国前列。启动无障碍环境建设三年专项行动，累计整治整改点位30.6万个，全市无障碍环境规范性、适用性、系统性水平显著提升。优化公共交通无障碍服务，公交集团配备无障碍公交车1.2万辆，城区无障碍公交车配置率达到80%以上。

七是养老孝老敬老社会氛围更加浓厚。从2010年起，连续12年开展"孝星""孝顺榜样"命名活动。2014年起，举办七届"银发达人"评选活动，展示新时代首都老年人老有所为的品质生活和老有所乐的年轻心态。每年"敬老月"期间，组织开展敬老爱老助老系列活动。深化老年人权益保护，重视老龄法治建设，广泛开展形式多样的普法宣传教育，针对老年人开展专项维权行动，促进老年人家庭矛盾纠纷化解，加大老年群体涉案司法保护，积极为困难老年人提供法律援助与帮扶。深化助老志愿服务模式，壮大助老志愿服务人才队伍。截至2021年底，全市实名注册志愿者中60岁及以上老年志愿者84.7万人，助老志愿服务队伍4548个。推进"智慧助老"行动，建立完善多部门齐抓共管的"智慧助老"常态化工作机制，推进老年人运用智能技术困难问题切实解决。

20. 北京市积极应对人口老龄化已经采取了哪些主要做法？

积极应对人口老龄化已上升为国家战略。为落实积极应对人口老龄化国家战略，准确把握首都人口发展大趋势和老龄化规律，2021年12月北京市正式出台《北京市积极应对人口老龄化实施方案（2021年—2025年）》，从"人、财、物、科技、环境、协同"六个方面搭建应对人口老龄化的政策体系和服务体系，主要做法可以总结为以下"五个三"：

一是夯实三个基础。推动首都经济高质量发展，完善收入分配制度，强化各级财政对积极应对老龄化的保障引导作用，夯实社会财富基础；落实相关法规条例，积极开展人口老龄化国情市情教育，推进老年友好型社会建设，鼓励多元主体共同参与，夯实社会环境基础；完善多层次养老保险制度，健全广覆盖的医疗保障制度，深化有温度的社会福利、社会优待和社会救助制度，夯实社会保障基础。

二是创新三类制度。不断完善长期护理保险制度政策体系、标准体系、服务体系和管理运行机制，适时在全市推行符合市情的长期护理保险制度；深化医保支付方式改革，提高医保基金使用效率，深化改革医疗保障制度；支持探索以街乡镇养老照料中心（敬老院）为主体，统筹区域内社区养老驿站布局的一体化资源整合模式，创新基层养老服务统筹制度。

三是补充三类设施。鼓励和支持有条件的幼儿园托幼一体化发展，加强社区托育服务设施建设，鼓励有条件的用人单位为职工提供托育服务，增加普惠托育服务有效供给，完善服务标准，加强行业综合监管，着力补充一批托育服务设施；加快推进养老家庭照护床位建设，严格落实新建住宅小区配建养老设施相关政策，推动培训疗养机构等闲置资源转型，着力补充空白区域养老服务设施；编制实施健身设施建设补短板行动计划，加强区域卫生设施规划统筹，优先满足老年医院、康复医院、护理院、安宁疗护等机构建设需求，着力补充一批健康医疗设施。

四是提升三大服务。全面推进健康北京建设，发挥基层医疗卫生机构居民健康"守门人"作用，依托家庭医生提供居家健康咨询服务，完善分级诊疗制度，加强全生命周期健康服务；强化公办养老机构服务保障，大力发展社会办养老机构，促进郊区养老服务提质升级，培养壮大为老服务队伍，依法加强养老服务综合监管，不断提升养老服务；加强对老年人的健康指导和管理，医疗机构全面设置老年人"绿色通道"，提高养老机构对高龄及失能失智残障老人的照护能力，提升从居家到机构的医养结合服务。

五是完善三大支撑。推进幸福家庭创建，完善休假、儿童养育和康复护理家庭技能培训等家庭养育、照护支持政策，完善家庭支撑；培育养老服务产业链和产业集群，促进养老服务业与教育培训、健康、家政等产业融合发展，引导规范养老金融健康发展，完善产业支撑；发展劳动力替代及增强技术，打造生命健康科技创新高地，加强老年辅助技术研发推广，提高老年服务信息化、便利化水平，完善科技支撑。

21. 北京市积极应对人口老龄化的主要经验有哪些？

一是科学认识与准确把握首都人口发展趋势和老龄化规律，不断优化顶层设计。北京市坚持深入理解和积极应对人口老龄化的国家战略，基于市情人口规模和结构、经济体量等形成整体性的老龄化应对策略，先后印发《北京市积极应对人口老龄化实施方案（2021年—2025年）》《北京市"十四五"时期老龄事业发展规划》等中长期规划，做好全人群、全方位、长周期的战略部署。同时，针对老龄化中的突出问题和主要矛盾制定专项战略和规划，先后出台涉及养老服务、健康服务、医养结合分类保障等老龄工作各个方面、各个环节的多项政策，老龄工作整体的制度化和规范化水平得到显著提升。其中，《北京市居家养老服务条例》是国内首部有关居家养老的地方性法规。

二是凝聚各方合力，构建符合超大城市特点的老龄工作格局与社会治理体系。全面加强党的领导，充分发挥政府推进老龄事业的主导作用，保基本、促普惠，为城乡老年人提供优质公共服务；切实发挥市场机制作用，积极引导社会参与，提供多元化产品和服务；倡导全民行动，注重发挥家庭、个人的作用，形成多元主体责任共担的良好局面；构建起符合超大城市特点的"党委领导、政府主导、社会参与、全民行动"的老龄工作新格局，整合政府、社会、企业、家庭、个人全方位资源，凝聚老龄事业发展的强大动能，构建与首都经济社会发展相适应的老龄社会治理体系。

三是结合市情、发挥优势，探索具有"北京特色"的老龄事业发展新路径。北京市坚持以建设国际一流的和谐宜居城市为目标，坚持老幼残融合发展的原则，构建全面覆盖、城乡统筹，具有鲜明北京特色的"三边四级"居家社区养老服务体系。发挥北京国际交往和科技创新中心优势，将科技创新作为积极应对人口老龄化的重要动力和战略支撑，开展老龄事业国际交流合作。依托首都优质资源，加大老龄工作基础理论研究，在老龄化社会治理中发出"北京声音"。发挥首都区位优势，落实国家京津冀协同发展战略，推动京津冀养老服务优势互补、资源共享与老龄事业协同发展，探索超大型城市群老龄事业发展的新路径。

22. 现阶段北京市积极应对人口老龄化面临哪些突出问题？

现阶段北京积极应对人口老龄化面临着人口长期均衡发展面临压力、养老基础设施建设不足、养老资源空间配置不合理、养老服务专业人才不足与农村养老服务存在短板等问题。

一是老龄化进程加深，人口长期均衡发展面临压力。近年来，北京市依照《北京城市总体规划（2016年—2035年）》中提出的到2035年北京的人口规模将严控在2300万的要求"减量"发展，坚定不移疏解非首都功能，持续优化人口空间布局，人口总量规模得到有效控制，北京常住人口规模连续下降。与此同时，劳动年龄人口比例也同步下降。但伴随着北京市老龄化进程不断加深，老年抚养比与社会总抚养比持续上升，家庭与社会的养老负担较重，这对人口代际平衡与养老保障体系的可持续性造成冲击，使得北京市人口长期均衡发展面临压力，人口内部结构的优化调整成为亟须解决的突出问题之一。

二是养老基础设施建设存在不足，难以满足现有需求。随着"三边四级"居家社区养老服务体系的建设，北京市的养老环境得到了一定的改善。但与老年人口的数量相比，当前养老照料中心和社区养老驿站的数量仍难以满足需求。此外，受城市规模大、社区建成年代不同等区位条件、历史沿革等因素影响，不同街道和社区的基础条件差距较大，配套设施水平参差不齐。同时，基础设施条件的不足也一定程度上制约了老年宜居环境与老年友好型社会的建设。

三是养老资源分布不均衡，空间配置不合理。受不同时期城市建设发展的影响，北京市超过半数的老年人口集中分布在总面积占比不足全市十分之一的中心城区。同时，当前所面临的现实条件是，北京市核心区人口密度大、老龄化程度较高，但用地面积紧张，配套公建尚不健全。北京城六区的居家养老与社区养老面临着设施数量不足、空间有限、改造困难等问题，这使得机构养老的现实需求越来越强烈。目前北京的养老院一半以上都是在五环、六环以外，这些养老院的空置率较高，一定程度上也造成了养老资源的闲置与浪费。

四是养老服务专业人才不足，制约养老服务发展。 按照国家标准，养老护理员与老人的比例需要达到1：4。然而截至2021年底，北京市养老机构内养老护理员的总量仅为1.1万余人，人才缺口巨大，限制了养老服务效果的发挥。同时，随着老年人口结构的日益复杂，养老服务需求日益多元，对养老服务人员专业化水平的要求也不断提高，现有养老人才队伍的结构很难满足老年人的多元需求，使养老服务效果受到影响。

五是农村养老问题日益突出，农村养老服务存在短板。 受城镇化进程影响，近年来北京农村地区居住人口持续下降，尤其是青壮年人口离乡规模持续扩大，导致农村养老方面问题较城市更为严峻。北京市农村面临老龄化程度高、空巢率高、老年人健康状况较城市更差等问题。受传统因素影响，我国养老服务体系建设长期基于"重城市、轻农村"的发展观念，城乡发展的长期失衡导致农村养老在养老设施、社会化养老观念、社会组织、制度保障、人才队伍建设等方面严重滞后于城市。作为超大城市的北京，在补齐农村养老服务短板、提升农村养老服务水平的过程中面临着诸多挑战。

23. 人口老龄化将对北京市经济社会发展带来哪些机遇与挑战？

人口老龄化对北京市经济社会发展所带来的具体影响是机遇与挑战并存的，具体体现在以下三方面：

一是催生银发经济。银发经济又称老年产业或老龄产业，指的是随着人口的老龄化而产生的专门为老年人消费服务的产业。伴随北京市人口老龄化进程的不断加深，相关老年产品、养老服务产业、老年教育培训等健康文旅产业与适老性金融产品等需求将不断扩大，这将进一步催生北京市银发经济与特色老龄产业，推动首都经济高质量发展。

二是推动老龄科技创新发展。老龄科技创新发展是提高老年群体生活质量与养老服务水平的重要途径。北京市作为科技创新中心，拥有丰富的科技资源优势，人口老龄化的发展将促使北京市把科技进步作为积极应对人口老龄化的第一动力和战略支撑，不断提升老年相关产品和服务的科技研发和创新能力，为老年人提供综合化智慧养老服务，履行为科技和教育发展服务的基本职责。同时进一步以相关机构为依托，开展老年健康国际交流合作，打造国际交往中心，积极参与国际标准和规则的制定，履行为国家的国际交往服务的基本职责。

三是对老龄化新形态下的社会治理提出更高要求。北京市人口老龄化可能会引起社会结构、社会保障、医疗资源和福利供给等多方面的变化，这对在老龄社会新形态下的社会治理提出了更高要求。北京市作为政治中心与文化中心，应着力破除老龄化社会治理中存在的体制机制障碍，创新基层社会治理模式，同时在全社会营造良好的敬老氛围，体现出首都的人文关怀、人文风采和文化魅力，全面推进老年友好型社会建设。

24. 下一步北京市积极应对人口老龄化面临的突出问题有哪些？

下一步北京市积极应对人口老龄化可能存在的主要矛盾体现在顶层设计、家庭养老功能的变化、养老服务的供需、养老基础设施建设与区域差异五方面。

一是人口老龄化快速发展与积极应对人口老龄化顶层设计不协调之间的矛盾。当前，北京市人口老龄化程度不断加深，截至2021年底已正式步入中度老龄化社会，人口内部结构性矛盾日益突出，人口新形势下人口治理所面临的挑战日益严峻，亟待不断优化人口发展战略，做到顶层设计的及时应对、科学应对、综合应对。

二是老龄化进程中家庭养老功能责任与其家庭功能逐步弱化之间的矛盾。家庭是养老的第一责任人与"守门人"，但伴随生育率的降低，家庭结构呈现出核心化、小型化、空巢化的特点，家庭规模的下降将弱化家庭养老的功能。同时，截至2021年底，北京市老年抚养比为47.3%，这意味着北京市每2.1名户籍劳动力在赡养1名老年人，家庭养老功能弱化但养老负担持续加重，无形中加大了社会化养老的压力。

三是老龄化进程中老年群体日益增长的美好生活需要和养老服务供给不平衡不充分之间的矛盾。家庭规模小型化、家庭养老功能弱化、老龄化速度加快、健康需求多样化均使得老年群体对于社会养老服务的需求日益扩大，而现阶段的养老服务体系又难以满足老年群体的个体化与细分化的需求，由此造成了养老服务供需不平衡的矛盾。

四是老龄化进程中老年群体对老年宜居环境的需求与老年友好型社会、老年友好型社区建设相对滞后的矛盾。推进老年宜居环境建设可以减少老年人居住环境和日常生活中的风险和不便，满足老年人维持生活独立、参与和融入社会的需求，是北京国际一流和谐宜居之都建设的重要组成部分，也是"四个服务"中为改善人民群众生活服务与建设老年友好型社会的内在要求。

五是各区及城乡人口老龄化趋势与其养老服务供给水平不平衡之间的矛盾。北京市人口老龄化程度的区域差异明显，在空间分布上呈现出"内高外低"的特征。而核心城区人口密度大、老龄化程度较高，用地面积紧张、配套公建尚不健全，居家养老与社区养老面临着设施数量不足、空间有限、改造困难等问题，养老服务供给难以满足老年群体需求。此外，北京市老龄化程度城乡差异显著，农村养老问题严峻。而现阶段北京市农村各类养老服务设施发展水平和资源供给远低于城市，普惠性农村养老服务网络尚未形成，农村养老服务质量与实际需求之间存在明显差距。总的来说，北京市人口老龄化和养老服务供给在区域和城乡层面上存在着"错配"和"倒配"的现象。

25. 下一步北京市积极应对人口老龄化的主要思路是什么？

2021年11月，北京市老龄工作委员会印发《北京市"十四五"时期老龄事业发展规划》，指出了北京市"十四五"时期老龄事业发展的背景形势、指导思想、基本原则与发展目标，并从以下九方面明确了下一步北京市积极应对人口老龄化的主要任务：

一是完善社会养老保障体系。建立健全与首都人口老龄化形势及经济社会发展水平相适应的、更加公平可持续的社会保障制度，进一步提高社会养老保障能力。

二是推动养老服务高质量发展。健全以居家为基础、社区为依托、机构充分发展、医养有机结合的多层次养老服务体系，满足老年人多层次、多样化的养老服务需求。

三是构建老年健康服务体系。以维护老年人健康权益为中心，以满足老年人健康服务需求为导向，着力构建与国际一流和谐宜居之都相适应的公平可及、综合连续、覆盖城乡、就近就便的老年健康服务体系。

四是鼓励老年人参与社会发展。引导老年人树立终身发展理念，营造老有所为、老有所学、老有所乐的社会氛围。

五是加强老龄人才队伍建设。推进老年健康管理、生活服务、老龄产业等领域的老龄人才队伍建设，推进为老服务人力资源队伍职业化、专业化发展。

六是着力推进老龄产业。充分发挥市场在资源配置中的决定性作用，着力推进供给侧结构性改革，全面放开养老服务市场，推动全市老龄产业高质量发展。

七是推进老年友好型社会建设。将老年友好型社会建设的理念贯穿到城市规划、建设、治理的全过程，营造包容、接纳和尊重老年人的社会风尚。

八是强化积极应对人口老龄化的科技支撑。充分发挥北京作为全国科技创新中心的优势，把技术创新作为积极应对人口老龄化的第一动力和战略支撑，通过深入实施创新驱动发展战略，推动首都老龄事业持续快速健康发展。

九是促进京津冀老龄事业协同发展。落实国家京津冀协同发展战略，依托现有京津冀协同工作机制，加强三地在健康养老产业方面的合作，引导北京市养老、健康等资源向津冀布局。

26. 下一步北京市积极应对人口老龄化的政策框架有哪些？

北京市严格落实国家层面政策规划，持续加强老龄事业发展的顶层设计，逐步完善积极应对人口老龄化的政策体系。下一步，北京市积极应对人口老龄化的政策框架主要包括以下方面：

一是落实《国家积极应对人口老龄化中长期规划》与《中共中央 国务院关于加强新时代老龄工作的意见》。编制《北京市积极应对人口老龄化实施方案（2021年—2025年）》与《关于加强新时代首都老龄工作的实施意见》，实施积极应对人口老龄化国家战略，构建了由"人、财、物、科技、环境、协同"六个方面组成的政策框架，完善了北京市积极应对人口老龄化的顶层设计，以首善标准做好新时代首都老龄工作。

二是加强老龄工作规划保障。结合《北京市国民经济和社会发展第十四个五年规划和二〇三五年远景目标纲要》，印发《北京市"十四五"时期老龄事业发展规划》，提出"十四五"期间老龄事业发展16项重点指标和9方面主要任务；印发《北京市养老服务专项规划（2021年—2035年）》，明确各区、各街道乡镇各类养老服务设施的空间布局、功能结构、数量规模，推进地区平衡和结构合理，促进各区养老服务工作发展，推动建成全面覆盖、城乡统筹、独具北京特色的"三边四级"精准居家社区养老服务体系。

三是推进居家社区机构养老服务协调发展。出台《北京市养老家庭照护床位建设管理办法（试行）》，明确概念定义、申请流程、服务内容、支持政策、工作要求。出台《北京市社区养老服务驿站运营扶持办法》，进一步明确驿站基本养老服务责任，调整并优化驿站功能定位，规范驿站补贴申请与发放，健全驿站运营补贴方式，加强驿站运营补贴监管。出台《北京市养老服务合同（养老机构版）》示范文本，设置"7天冷静期"，明确权、责、利，避免因合同条款确实和意思表达不真实、不确切，出现显失公平的情况。

四是推进老年友好型社会建设。2021年，北京市老龄委印发了《北京市推进老年友好型社会建设行动方案（2021—2023年)》（"友好九条"），从居家生活、家庭关系、社区（村）环境、健康支持、智能应用、交通出行、社会参与公共服务、人文环境等九个方面着力推进解决老年人适老应用问题，推进老年友好型社会建设。印发《老旧小区综合整治实施适老化改造和无障碍环境建设指导意见》，制定基础类、完善类、提升类功能服务"建设菜单"，开展专项排查治理工作，加强宜居环境建设。

五是促进互助养老和志愿服务发展。出台《北京市养老服务时间银行实施方案（试行）》，探索建立养老服务时间银行机制，创新互助养老服务模式。

27. "十三五"时期京津冀老龄事业协同发展有哪些进展？

2014年2月26日，习近平总书记在京津冀协同发展工作座谈会上发表重要讲话，首次将京津冀协同发展上升到国家战略层面。"十三五"时期，京津冀老龄事业协同发展的进展主要体现为以下五方面：

一是提出共同推动养老服务业融合发展。2015年，三地出台《京津冀民政事业协同发展合作框架协议》，共同推动养老服务业融合发展是协议中明确的十大重点领域之一，三地将协同规划布局养老机构。

二是签订养老工作协同发展合作协议五年规划。2016年，三地民政部门签订了《京津冀养老工作协同发展合作协议（2016—2020年）》，该协议旨在破解跨区域老年福利和养老服务方面的身份、户籍壁垒，形成"一省两市"养老服务发展新格局，让京津冀三地老人异地养老无障碍。根据这一文件，三地打通政策衔接渠道，按照"养老扶持政策跟着户籍老人走"原则，三地分别制定相关协调发展支持和配套政策。先行先试，推动北京政策外延，天津武清、河北高碑店等津冀地区试点机构可享受北京市养老床位运营补贴、机构综合责任保险、医保政策互联互通等政策。

三是发布区域养老服务协同发展实施方案。2017年发布的《北京市民政局 天津市民政局 河北省民政厅 内蒙古自治区民政厅关于印发〈京津冀区域养老服务协同发展实施方案〉的通知》正式明确了各类支持政策，包括养老机构床位运营补贴支持、承接政府购买养老服务项目扶持、金融服务扶持、医养结合扶持、人才培养扶持和养老机构服务入住老年人的配套举措。

四是异地就医直接结算正式破冰。2017年初，燕达医院与北京医保系统顺利联通，北京老人在燕达医院就医可持北京医保卡实时结算。医保待遇与在北京定点医疗机构就医完全相同。

五是连续召开多次京津冀涉老协同发展联席会议。2016年，京津冀三地建立了养老服务协同发展联席会议机制。其后分别在天津（2017年、2018年、2021年）、河北承德（2019年、2022年）、北京（2020年）召开联席会议，推进养老工作协同发展。

28. "十四五"时期京津冀老龄事业如何进一步协同发展？

《北京市"十四五"时期老龄事业发展规划》《北京市养老服务专项规划（2021年—2035年）》《河北省人民政府关于印发河北省养老服务体系建设"十四五"规划的通知》《天津市"十四五"养老服务体系发展规划和二〇三五年远景目标纲要》就"十四五"时期京津冀老龄事业进一步协同发展做出如下安排：

一是实现养老机构等级评定结果区域互认。三地在规划中均提到了结果互认，包括：养老机构等级评定结果，在区域内无差别互认，同等享受与等级评定结果挂钩的相关扶持政策；养老服务业市场主体诚信评价结果，在区域内无差别互认，同等享受守信主体优惠政策、接受失信主体惩戒措施；老年人能力综合评估评定结果在区域内无差别互认。北京提出积极推动京津冀三地医疗资源的对接、共享，推动京津冀范围内医疗检验结果互认。除此以外，还会建立标准互认长效机制、加强养老服务质量协同监管。

二是推动政策衔接和信息共享。北京提出推动北京社会保障、老年福利异地有序接续，北京和河北提出推进跨省异地就医门诊医疗费用直接结算。实现京津冀养老服务信息资源实时发布、同步共享、远程获取。搭建京津冀养老产业协同平台，推动三地信息化平台融合，加强信息资源同步共享。

三是促进优质医疗资源向周边辐射。促进北京优质医疗资源辐射津冀地区，推动北京市属医院，尤其是老年病、心脑血管病等专科医院为京津冀共建养老服务机构等提供远程医疗指导、定期巡诊等服务。

四是推动北京养老项目向周边布局。北京提出研究出台推动北京养老项目向廊坊市北三县等环京周边地区延伸布局的实施方案，推动健康养老资源向京外区域布局。鼓励北京市属企业利用在津冀自有土地发展健康养老产业，鼓励有实力的北京企业和社会组织投资或模式输出，积极推动北京养老服务机构与北三县、雄安新区及近京地区合作设立分支机构。

五是推动养老服务交流互通。推进京津冀养老深度合作，在养老人才管理、康复设施建设、养护查房、心理慰藉、人员进修等环节开展全方位的交流互动。加强专业养老人才的交流、培训，提升京津冀养老服务能力水平及管理水平。

29. 北京市老年人到河北养老有哪些补贴？

一是运营补贴。

三地的养老机构可以叠加享受北京的养老机构运营补贴。三地民政部门签订了《京津冀养老工作协同发展合作协议(2016—2020年)》，根据这一文件，三地打通政策衔接渠道，按照"养老扶持政策跟着户籍老人走"原则，三地分别制定相关协调发展支持和配套政策。先行先试，推动北京政策外延，天津武清、河北高碑店等津冀地区试点机构可享受北京市养老床位运营补贴、机构综合责任保险。2017年京津冀三地加上内蒙古，四地联合发布了《京津冀区域养老服务协同发展实施方案》，把区域拓展到了京津冀行政区全域及内蒙古自治区赤峰市、乌兰察布市，将试点工作转为常态化工作，确定了当地养老机构收住京籍老年人享受北京养老机构运营补贴、购买服务等六项扶持政策。

二是异地康养补贴。

申请条件与标准。2020年5月14日,北京市西城区出台《西城区户籍老年人赴津冀蒙异地康养补贴扶持办法》,按照这一办法,入住津、冀、蒙(赤峰市、乌兰察布市)协同发展区域养老机构或者残疾人机构三个月以上的西城区户籍老人,每人每月发放600元补贴。

申请时限。该政策试行三年,异地康养补贴政策实施前,已经入住津冀蒙协同发展区域养老机构的老年人,异地康养补贴自政策实施当月计发。

申请程序。老年人本人或代理人向户籍所在地的街道提出申请,填写《西城区户籍老年人入住津冀蒙养老服务机构补贴申请表》。申请异地康养入住补贴需要提供老年人入住养老机构的协议、身份证复印件、收费发票等扫描件。补贴每季度核发一次,申请时间为每年3月、6月、9月、12月的1—10日。

第3章

北京市养老保障制度体系

30. 什么是中国多层次社会保障制度？

我国社会保障体系主要包括社会保险、社会救济、社会福利、优抚安置、社会互助、个人储蓄积累保障等内容。

社会保险。劳动者因年老、患病等原因中断劳动失去收入时，可从国家或社会获得必要物质帮助的保障制度，包括养老、医疗、工伤、失业和生育保险。针对老年群体，主要从养老保险和医疗保险方面提供保障，如城乡居民养老保险、长期护理保险等。作为社会保险的补充，商业性保险是指订立保险合同运营，以营利为目的的保险形式。针对老年群体，产品包括个人税收递延型商业养老保险、商业长期护理保险等。

社会救济。国家对因自然灾害或其他经济社会原因，无法维持最低生活水平的社会脆弱群体提供款物接济和扶助，包括最低生活保障、特困人员救助供养、灾害救助、医疗救助、就业救助、住房救助和临时救助。针对老年群体，国家对经济困难的老年人给予基本生活、医疗、居住或者其他救助，若出现老年人无劳动能力、无生活来源、无赡养人和扶养人等情况，可由地方各级人民政府依规给予供养或救助。

社会福利。国家或社会为改善、提高成员生活而实施的各种措施制度，广义上可指举办的各类公益事业，狭义上则指为丧失劳动能力和生活困难者提供的物质帮助和特殊服务。针对老年群体，北京市建立了养老助残卡和老年人津补贴制度，为老年人提供免费乘车、公园年票、养老服务补贴等优待福利。

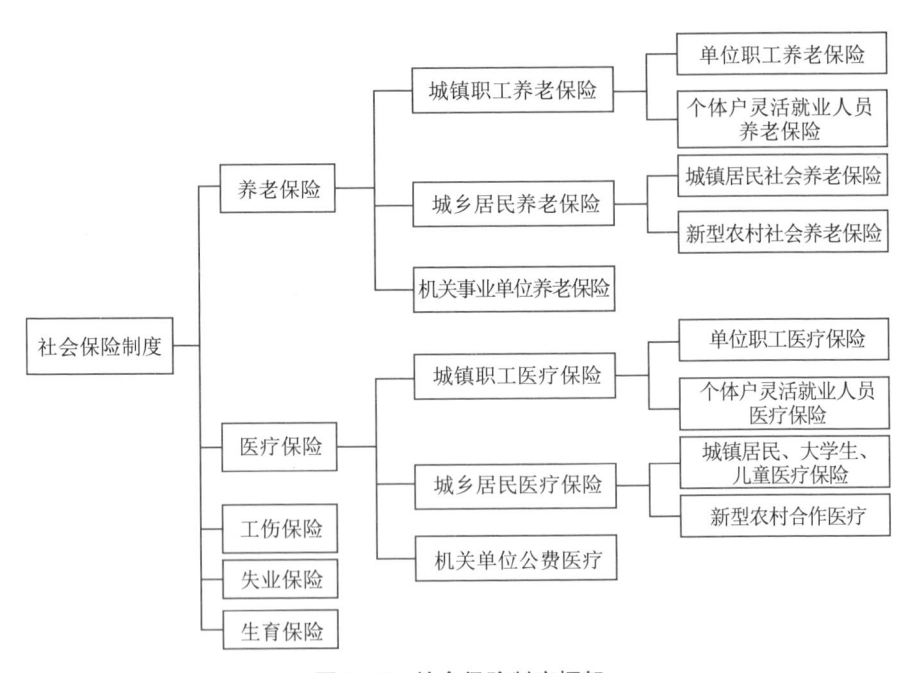

图 3-1 社会保险制度框架

优抚安置。国家和社会按照有关规定，通过优待、抚恤和安置，对法定优抚对象提供确保其一定生活水平的资金和服务。针对老年群体，优抚安置的内容主要包括建立军队离、退休干部休养所，社区兴办光荣院等。

社会互助。特定社会群体（如家庭、社区、组织成员等）之间的，经济、精神层面上的民间互助行为，是社会对脆弱群体的自发关爱，有利于补充政府保障盲点。针对老年群体，主要形式是自发组织的为老服务。例如，2022年6月北京市正式实施"养老服务时间银行"项目，鼓励志愿者参与养老服务并记录服务时间，可在年老需要时提取时间换取服务。

个人储蓄积累保障。以强制储蓄为主、政府支付为辅的形式来筹集社会保障基金。如公积金制度要求单位和职工缴纳一定公积金，可用于住房购买和医疗支付。针对老年群体，离退休后可选择销户提取全部公积金余额，增加养老资金保障。

我国社会保险制度坚持广覆盖、保基本、多层次、可持续的方针，建立由养老、医疗、工伤、失业、生育保险等社会保险构成的制度框架，保障公民在各类情况下获得物质帮助的权利。

31. 什么是中国多层次养老保险制度？

养老保险是国家和社会为保障老年人基本生活需求，为其提供稳定生活来源而建立的一种社会保险制度，是社会保障制度的重要组成部分。目前，我国已形成覆盖全民、城乡统筹、内外协同的养老保障制度体系，即以基本养老保险为基础、职业年金为补充，衔接个人养老金的养老金体系。除了狭义的资金保障，基本医疗保险、医疗救助和长期照护险等构成的医疗保障体系也为养老保障制度提供了有力补充。

图 3-2　养老保障制度体系

我国养老保险制度确立原则是什么？我国多层次养老保险制度确立基于"广覆盖、保基本、多层次、可持续"的原则。"广覆盖"指不断扩大养老保障覆盖范围，尽可能为城乡全体居民提供保障；"保基本"指基本养老保险以提供基本生活需求为主；"多层次"指既要发展政府主导的基本养老保险，也要鼓励用人单位发展职业年金，还要鼓励个人适当购买商业养老保险和合理储蓄；"可持续"指资金来源多元化。《人力资源和社会保障事业发展"十四五"规划纲要》指出，要坚持权责清晰、保障适度、应保尽保的原则，按照兜底线、织密网、建机制的要求，健全覆盖全民、统筹城乡、公平统一、可持续的多层次社会保障体系。

什么是养老保险三支柱，都有哪些作用？目前，我国多层次养老保险制度框架是以基本养老保险为基础、以职业年金为补充、与个人储蓄型养老保险和商业养老保险相衔接。第一支柱是政府建立的基本养老保险，包括职工、居民养老保险；旨在保障老人基本生活。第二支柱是企事业单位发起、商业组织运营的职业年金，包括企业、职业年金；既可增加养老资金，也能作为福利吸引人才。第三支柱是商业组织提供、自愿购买的个人养老金，包括个人储蓄型养老保险和商业养老保险，能为老人提供更多收入保障。

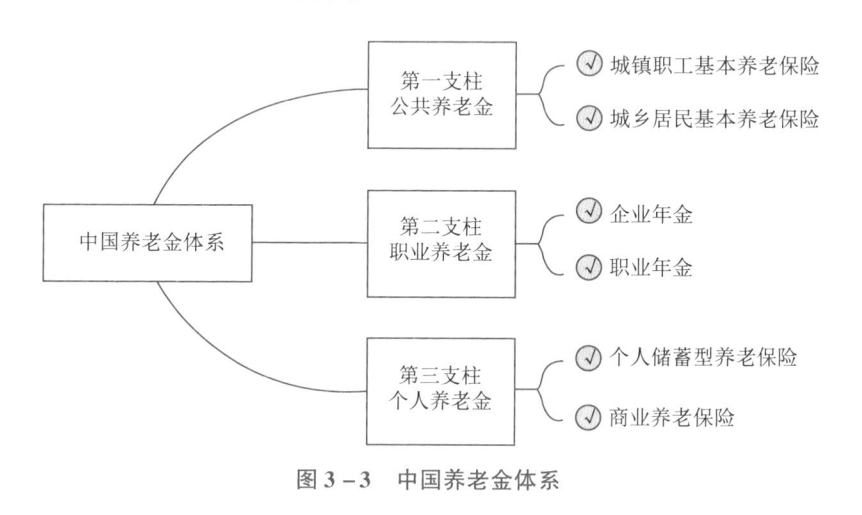

图 3-3 中国养老金体系

目前，第一支柱基本养老保险基本健全，第二支柱职业年金初步建立并逐步完善，第三支柱个人储蓄型养老保险和商业养老保险还处于起步阶段。

32. 北京市养老保险的基本情况如何？

北京市坚持覆盖全民、统筹协调的养老保障体系，各项基金平稳运行；积极落实养老保障相关调整，按时足额发放待遇。近五年发展情况如下[①]。

（1）职工基本养老保险

养老金方面，2017—2021年发放标准不断上调，同比增长率保持在4.5%—5.5%。

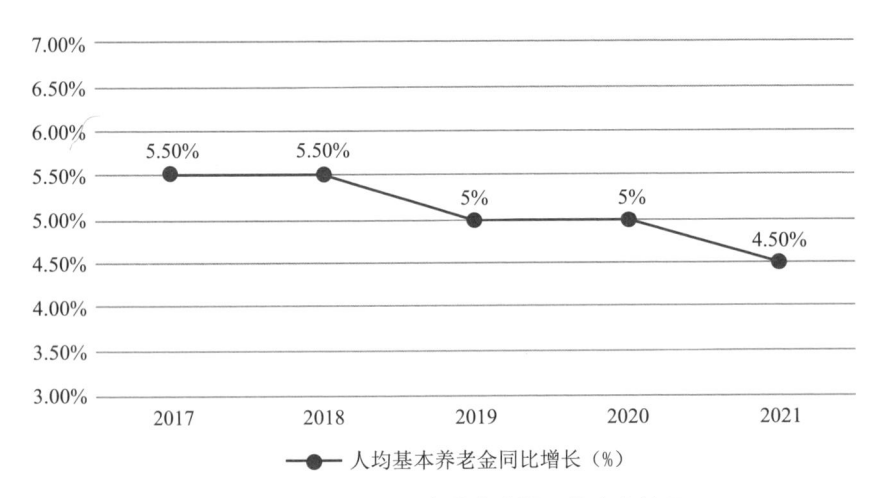

图3-4 2017—2021年北京市职工养老金情况

参保方面，2017—2021年参保缴费单位与参保人员数量保持增长态势，享受待遇人员数量也稳步增长。2021年较2017年参保缴费单位、参保人员和享受待遇人员各增加236万户、

---

① 养老保障数据来源：历年北京市养老保险、失业保险、工伤保险事业发展情况报告，http://rsj.beijing.gov.cn/xxgk/sjfbsj/fzqkbg/index.html。

222.3万人和35.9万人。

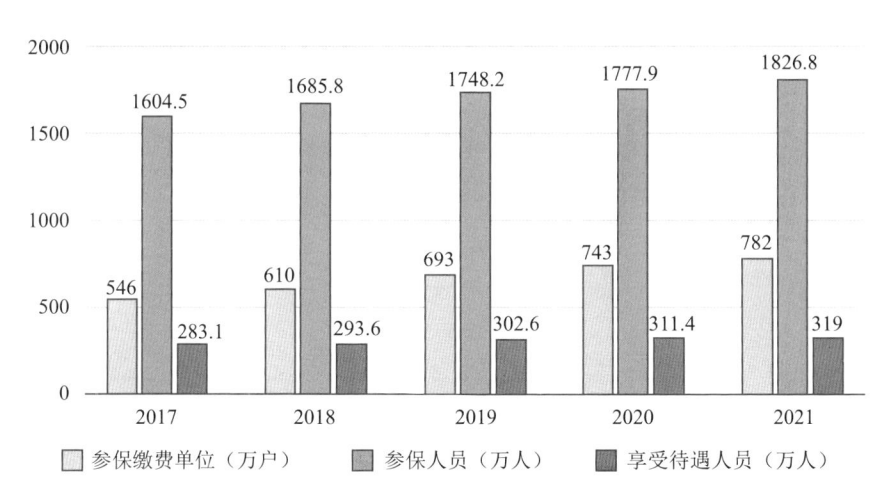

图3-5 2017—2021年北京市职工养老保险参保情况

基金方面，2017—2021年职工养老保险基金运行平稳，除2020年外均稳步增长。收支上除2020年出现基金缺口，使用历年滚存弥补，余下年份结余均超500亿元。

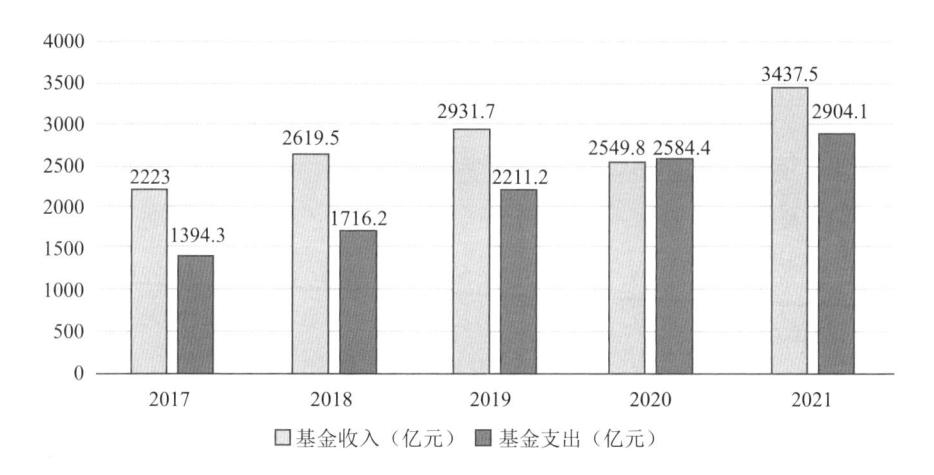

图3-6 2017—2021年北京市职工养老保险基金情况

（2）城乡居民养老保障

养老金方面，2017—2021年发放标准不断上调，基础、福利养老金同步提高，但近两年增长有所放缓。2021年较2017年的月人均基础、福利养老金标准各增加240元。

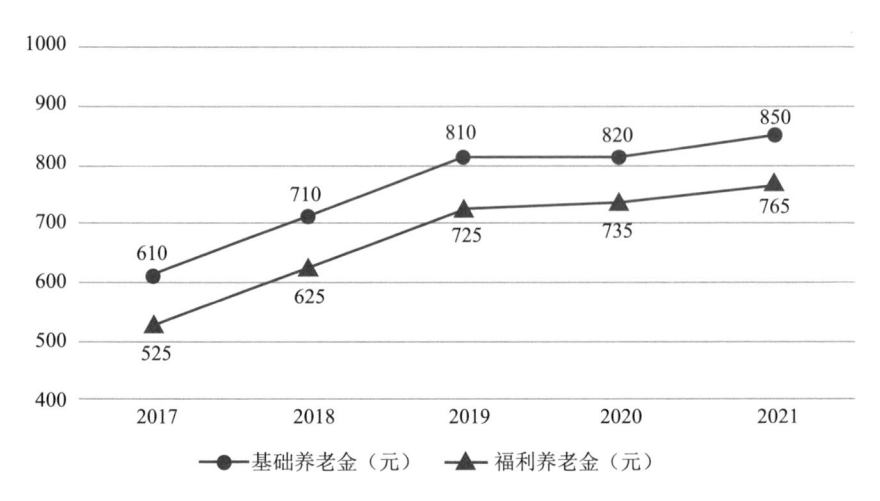

图3-7 2017—2021年北京市城乡居民月人均养老金情况

参保方面，2017—2021年参保人员与享受老年保障福利养老金①人员数量保持减少态势，享受待遇人员数量保持小幅波动。2021年较2017年参保和享受老年保障福利养老金人员各减少20.7万人和8.5万人，享受待遇人员则增加4.2万人。

---

① 福利养老金是北京市、上海市在我国基本养老金制度之外所设立的一种针对无保障老年人的福利制度。目前北京市老年保障福利养老金领取条件为：北京市户籍，年满60周岁，且没有社会养老保障的老年人。

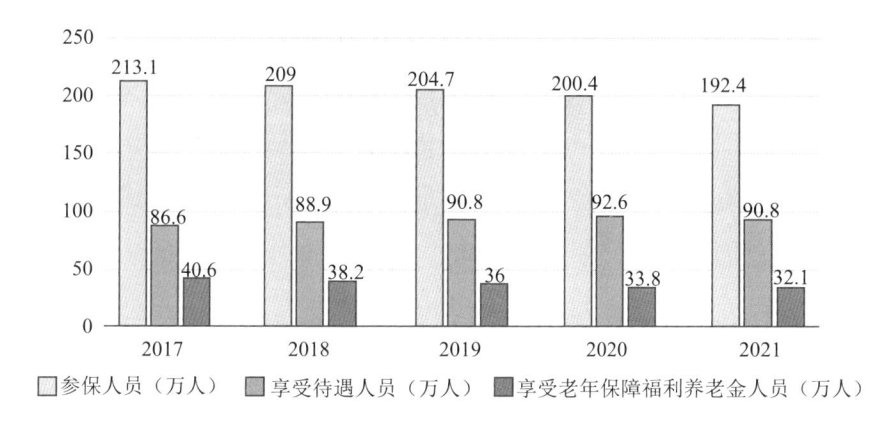

图 3-8　2017—2021 年北京市城乡居民养老保障参保情况

基金方面，2017—2021 年城乡居民养老保障基金运行平稳，收支均稳步增长。除 2020 年结余较少，其余各年结余均超过 7 亿元。

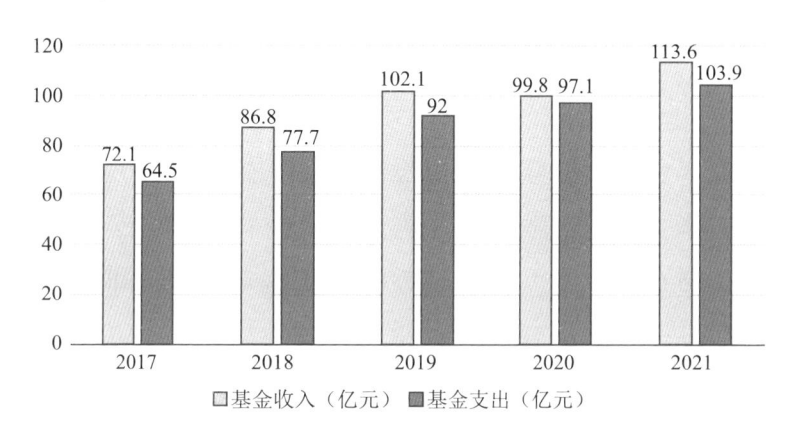

图 3-9　2017—2021 年北京市城乡居民养老保障基金情况

33. 什么是企业年金和职业年金？

企业年金和职业年金是我国养老保险第二支柱。企业年金是指企业及其职工在依法参加基本养老保险的基础上，自愿建立的补充养老保险制度。职业年金是指机关事业单位及其工作人员在参加机关事业单位基本养老保险的基础上，建立的补充养老保险制度。我国企业年金和职业年金采取信托模式、委托管理、市场化管理、个人账户制。

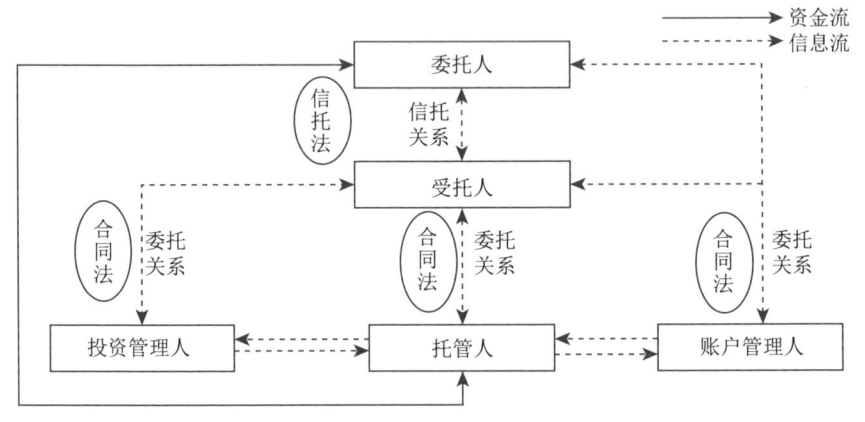

图3-10 企业年金投资运营模式

企业年金和职业年金如何投资运营？企业年金是以企业和职工为主体，委托金融机构（养老保险公司或信托公司）为其建立和管理企业年金，这个被委托的机构可称为企业年金受托人。受托人下有三个管理人。账户管理人负责管理企业年金账户，包括为职工建立个人年金账户、收缴基金、支付待遇等；投资管理人负责对年金资产进行投资增值；托管人负责安全保管企业年金基金资产，监督基金的投资运行情况。另外，还有人社部监管整体运作，中国证监会和银保监会分别监管不同受托人主体。职业年金由省级社会保险经办机构集中实施委托责任。在管理主体上，取消了企业年金中的账户管理人，由代理人承担账户管理人职能。

企业年金和职业年金的投资范围是什么？主要通过购买银行的定期理财或短期存款，购买国债，或是投资国内金融资产，并且对投资组合进行了较为严格的比例限制。

企业年金和职业年金的缴费比例是什么？其缴费比例见下表。

表3-1 企业年金和职业年金的缴费比例

	企业年金缴费比例	职业年金缴费比例
单位	每月不超过职工工资的8%	固定每月职工工资的8%
个人	每月不超过职工工资的4%	固定每月职工工资的4%
合计	不超过12%，具体比例由企业和职工协定	固定12%

企业年金和职业年金账户如何办理？其收益如何？建立企业年金计划的企业，会为每个参与的职工建立企业年金个人账户。该账户下设企业缴费子账户和个人缴费子账户，分别记录企业缴费分配给个人的部分及其投资收益，以及本人缴费及其投资收益。其中，个人缴费子账户里的钱完全属于职工本人；而企业缴费子账户里的本金和收益，可以由企业和员工共同约定自开始就归职工个人，也可以随着职工在本企业工作年限的增加，逐步将其归属于职工（八年内）。职业年金中账户管理方式采用份额计算的方法，根据每月职业年金基金的市场单位净值，按月足额计入受益人职业年金的个人账户。

企业年金和职业年金的领取条件有哪些？领取条件满足以下条件之一，包括退休、出国（境）定居、死亡或者提前退休，即可一次性领取或者定期领取。

34. 什么是个人储蓄型养老保险？

个人储蓄型养老保险和商业养老保险属于养老保险第三支柱，即职工个人依据自己的劳动收入所得，自愿参加并选择经办机构而参保的一种形式，也是一种补充性养老保险。

个人储蓄型养老保险和商业养老保险有哪些国家政策支持（优惠）？政策支持主要体现为税收优惠政策。主要体现为三方面，即缴费、所得收益以及领取。首先是缴费，在缴纳个人所得税时，个人最多可以少对12000元的收入缴税，也就是说，假设员工需要缴纳个税的收入是12000元，个人所得税率是20%，如果他将这12000元的收入用于购买个人养老金产品，那么他将不用缴纳这2400元（12000元×20%）的个人所得税。其次是所得收益，也就是说，当我们用这12000元购买个人养老产品之后，未来得到的收益不需要缴税。最后是领取保险金，政府对于这些保险金只按照3%的税率征收个人所得税。目前北京市已经开始实施。

哪些人可以参加个人储蓄型养老保险？在我国境内参加城镇职工或者城乡居民基本养老保险的劳动者，均可参加个人养老金。也就是说有基本养老保险的人都能参加。

怎么参加个人储蓄型养老保险？参加人参加个人养老金，应当通过国家社会保险公共服务平台、全国人力资源和社会保障政务服务平台、电子社保卡等全国统一线上服务入口或者商业银行渠道，在信息平台开立个人养老金账户。之后，选择一家符合规定的商业银行开立或者指定本人唯一的个人养老金资金账户。两个账户都是唯一的，且互相对应。通过商业银行渠道，可以一次性开立这两个账户。

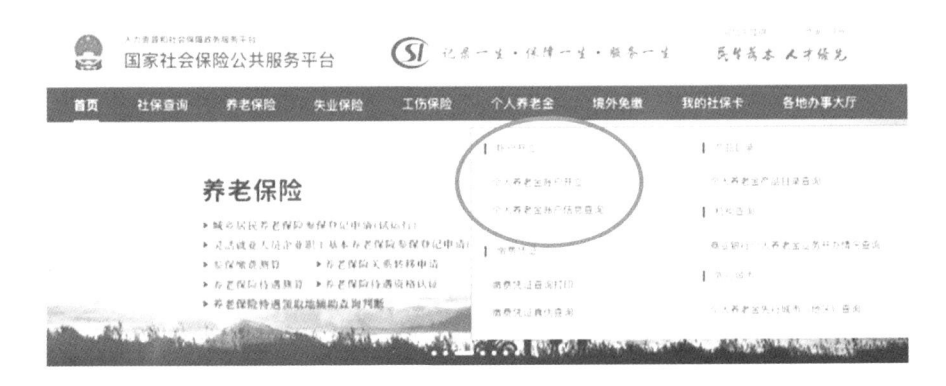

图3-11　国家社会保险公共服务平台上设立的开户功能区域

个人储蓄型养老保险账户有什么限制？参加人每年缴纳个人养老金额度上限为12000元，参加人每年缴费不得超过该缴费额度上限。

养老保险账户里的资金领取有什么规定？参加人达到领取基本养老金年龄（60周岁），或者完全丧失劳动能力、出国（境）定居，以及符合国家规定的其他情形，可以领取个人养老金。领取时，可以按月、分次或者一次性领取个人养老金，并归集至本人社会保障卡。参加人死亡后，其个人养老金资金账户中的资产可以继承。

35. 什么是个人商业养老保险？

个人商业养老保险是由商业保险机构提供，主要进行养老风险保障和养老资金管理的保险产品，能够提供保底收益且期限为终身，是养老保障体系的重要组成部分。其中既有传统的年金保险、两全保险等，也包括试点的个税递延型商业养老保险和专属商业养老保险，下面介绍几类主要产品。

年金保险：约定期间内按一定时间间隔给付保险金，直至被保险人死亡或合同期满，保障被保险人在年老或丧失劳动能力时获得经济收益。

两全保险：既为约定期间内的意外事故提供保障，也在被保险人去世后进行赔付，兼具保障性和储蓄性两重功能。

个税递延型商业养老保险：投保人购买税延养老保险产品时，在税前列支保费，在领取保险金时再缴纳税款，从政策上给予税收优惠。

专属商业养老保险：以养老保障为目的，领取年龄在60周岁及以上的个人养老年金保险产品，先积累后领取，领取期不得短于十年。产品为投保人设置稳健型与进取型账户，满足不同风险偏好。银保会披露的首批七款个人养老金保险产品均为专属商业养老保险。

表3-2 首批个人养老金保险产品名单

序号	产品名称
1	中国人寿保险股份有限公司《国寿鑫享宝专属商业养老保险》
2	中国人民人寿保险股份有限公司《人保寿险福寿年年专属商业养老保险》
3	太平人寿保险有限公司《太平岁岁金生专属商业养老保险》
4	太平养老保险股份有限公司《太平盛世福享金生专属商业养老保险》
5	泰康人寿保险有限责任公司《泰康臻享百岁专属商业养老保险》
6	泰康人寿保险有限责任公司《泰康臻享百岁B款专属商业养老保险》
7	国民养老保险股份有限公司《国民共同富裕专属商业养老保险》

资料来源：中国银行保险信息技术管理有限公司官网通知公告，http://www.cbit.com.cn/zgbxgw/gsyw/381744/381746/397696/index.html。

个人商业养老保险有哪些作用？ 国家社会层面，推进商业养老保险有利于健全多层次养老保障体系，应对人口老龄化趋势和就业形态新变化，进一步保障和改善民生，促进社会和谐稳定。居民个人层面，购买商业养老保险既能够满足多样化的养老需求，也可以更好保障老年生活需要。在基本养老保险外增加一种保障方式，提高收入水平，从而让老年生活更有保障、更有质量。

如何购买个人商业养老保险？ 目前，个人商业养老保险主要购买途径是通过商业养老金账户购买保险公司提供的商业养老金产品，如年金保险、两全保险、个税递延型养老保险等。年满18周岁的居民可与养老保险公司签订商业养老金业务相关合同，通过商业养老金账户积累养老金。此外，在先行试点地区，可以通过个人养老金资金账户购买养老金融产品，如首批专属商业养老保险。境内参加职工或居民基本养老保险的劳动者，可在个人养老金账户基础上开设对应资金账户，用缴纳的个人养老金在规定机构购买相应金融产品。随着个人养老金发展的不断推进，配套政策与产品将逐步完善。

个人商业养老保险能够规避哪些风险？个人商业养老保险具有安全稳健、长期保值增值的特质，能够进行风险规避。一方面，商业养老保险受法律严格约束，具有可持续性。签订合同会明确保费缴纳和保障额度，能够提供保底收益且期限为终身，承保和给付受到银保监会严格监管。另一方面，随着相关制度保障不断完善，风险规避能力将持续提升。根据《国务院办公厅关于加快发展商业养老保险的若干意见》，将不断完善商业养老保险监管政策，强化消费者权益保护，实现商业养老保险资金保值及合理回报，提升保险保障水平。

36. 什么是北京养老助残卡？

北京通—养老助残卡是集社会优待、政策性津贴发放、金融借记账户、市政交通一卡通等多功能于一体的IC卡。替代了原来的老年优待卡，但并未改变当前实施的各项老年人优待政策。

图3-12 北京通—养老助残卡

养老助残卡可以享受哪些福利和功能？

1. 免费乘坐市域内地面公交车
2. 免费游部分公园和景区（大型活动期间除外）
3. 具备银行借记卡功能
4. 在养老（助残）服务单位消费时，可享受优先、优惠服务
5. 具有普通市政交通一卡通的基本功能
6. 老人享有居家养老服务补贴

图 3-13 养老助残卡福利和功能图解

注：80 周岁及以上京籍老人，从年满 80 岁当月开始计算，每月 100 元养老服务补贴将自动入账。

养老助残卡哪些功能要激活，哪些功能要延期？ 养老助残卡的功能有：（1）金融功能（办理存取款等业务）需要激活，一经激活，永久使用。（2）持卡免费乘公交、进公园等市政交通一卡通功能发放时已经开通，有效期为两年，每两年后进行一次延期。如有问题可以拨打下列电话咨询：

√ 养老助残卡服务专线：96156
√ 北京农商银行客服热线：96198
√ 市政交通一卡通服务热线：96066

37. 如何办理北京养老助残卡？

具有本市户籍的 60 周岁及以上的老年人或者在本市行政区域内办理《北京市居住证》的 60 周岁及以上的外埠老年人都可以申领。

申请人可通过线上、线下两种方式办理：

（1）线上办理

①京籍老人可通过北京农商银行官网（http://www.bjrcb.

com/）点击"养老助残卡申请"上传制卡信息。

图 3-14 北京农商银行官网

②登录北京市民政局官网首页（http：//mzj.beijing.gov.cn/）点击"养老助残卡网上申办"上传制卡信息。

图 3-15 北京市民政局官网首页

③通过"北京农商银行 e 服务"微信公众号—特色业务—养老助残卡申请/查询。

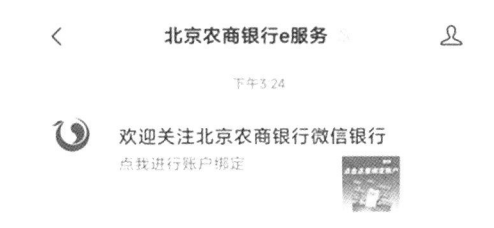

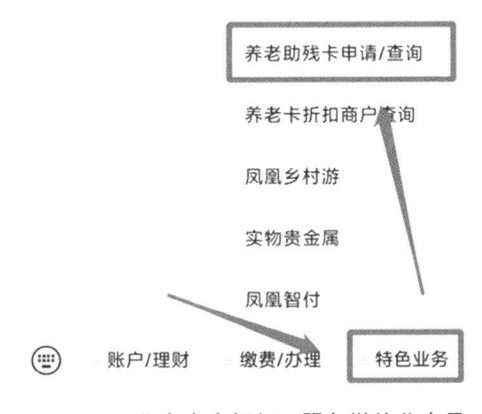

图 3-16　北京农商银行 e 服务微信公众号

(2) 线下办理

持以下材料,到任意一家北京农商银行网点申请办理:

①京籍老人(包括驻京部队离退休军人):持户口簿及居民身份证原件。

②外省市老人：持《北京市居住证》原件和居民身份证。

③常住外埠离退休军人：持在京居住六个月以上证明原件和有效身份证件。

④港澳台、归国华侨老人：持护照、港澳居民来往内地通行证、台湾居民来往大陆通行证等有效身份证件原件，以及《北京市居住证》或居住六个月以上的《临时住宿登记表》原件（二选一）。目前暂不支持他人代办。

⑤外国公民：持护照原件、《外国人永久居留证》原件，以及六个月以上的《临时住宿登记表》或《北京市居住证》原件。目前暂不支持他人代办。

注：符合办卡条件的老年人在申请时，如人口数据系统中缺少照片，申请人需自行补充近期一寸标准白底彩色电子照片一张。若委托他人代办，除按上述要求提供有关证件材料外，代办人还需提供本人身份证原件。

养老助残卡制卡周期。为进一步方便和惠及老年人，自2022年11月1日起新申请办理"北京通—养老助残卡"的，其制卡周期为20天。制卡成功后，可到制卡银行领取养老助残卡，或选择制卡银行寄送服务。

38. 什么是老年人津贴补助制度？

老年人津贴补助制度是政府为了缓解老年人基本生活压力、保障生活质量的社会福利政策。北京市老年人养老服务津贴发放给具有北京市户口且符合相应条件的老年人，主要包括三类：困难老年人养老服务补贴、失能老年人护理补贴、高龄老年人津贴，符合条件的老年人，可以同时申领以上三类补助。

哪些人可以享受补贴？怎么享受？补贴可以分为下面三类：

第一类是针对低保、低收入、计划生育特殊家庭等困难老年人的困难老年人养老服务补贴，这类补贴采用现金给付的方式。对于享受低保待遇[1]的老年人（含领取北京市城市居民生活困境补助金的老年人），每人每月补贴300元；对于低收入家庭[2]中未享受低保待遇的老年人，每人每月补贴200元；对于计划生育特殊家庭[3]且不符合前述条件的老年人，每人每月补贴100元。

第二类是针对重度失能或持有相应残疾证的老年人的失能

---

[1] 按照《北京市城乡居民最低生活保障及低收入家庭救助制度实施细则》（京民社救发〔2018〕445号）规定，城乡低保范围标准如下：①本市户籍居民组成的家庭，共同生活的家庭成员月人均收入低于本市当年城乡低保标准（1320元），且符合本市城乡低保家庭财产状况规定的；②非本市户籍居民与本市户籍居民结婚组成的家庭，非本市户籍居民持有本市居住证，且符合本市城乡低保家庭收入和家庭财产状况规定的；③低收入家庭中残疾等级为一、二级的视力、听力、言语、肢体残疾人和残疾等级为一、二、三级的智力、精神残疾人；④符合本市城乡低保家庭财产状况规定的、依靠兄弟姐妹或60周岁以上的老人扶养或抚养的成年无业重度残疾人；⑤由民政部门管理、按国家有关政策享受政府定期定量救济的20世纪60年代初精减退职老职工，因公（病）致残返城知青，原国民党起义投诚及宽释、特赦人员，生活困难的"老归侨"及其他民政部门管理的特殊救济对象参照本市城乡低保标准给予保障。

[2] 低收入家庭：按照北京市相关规定，未纳入最低生活保障范围的家庭，共同生活的家庭成员月人均收入低于本市当年最低工资标准（每小时不低于13.33元、每月不低于2320元），且符合城乡低保家庭财产状况规定的本市户籍居民组成的家庭。

[3] 计划生育特殊家庭：独生子女发生伤残或死亡、未再生育或收养子女的家庭。

老年人护理补贴，这类补贴采用服务给付的方式，老年人可以将其用于全市养老助残服务商所提供的照顾服务范围内的消费，但是账户原则上不支持提现、不定期清零。残疾等级为一级的视力、肢体、智力、精神残疾老年人或者残疾等级为二级的智力、精神残疾老年人中的多重残疾老年人，每人每月补贴600元；残疾等级为二级的视力、肢体残疾老年人或者残疾等级为二级、三级的智力、精神残疾老年人，每人每月补贴400元；残疾等级为一级、二级的听力、言语残疾老年人，每人每月补贴200元。

第三类是针对80周岁及以上老年人的高龄老年人津贴，这类津贴采用现金给付的方式。其中，80—89周岁的老年人每人每月补贴100元；90—99周岁的老年人，每人每月补贴500元；100周岁及以上的老年人，每人每月补贴800元。

39. 如何申请老年人津贴补助？

符合条件的老年人享受津贴补助要经历四个流程，即自愿申请、政府审核、发放津贴以及复核。首先是自愿申请[①]阶段，符合申请条件的老年人本人或其委托代理人，或监护人均可完成。申请人可通过以下途径办理：

线上办理：登录北京市政务服务网（http：//banshi.beijing.gov.cn/）、北京社会建设与民政首页（http：//mzjgfpt.caservice.cn/mzjwz/）、市民政局微信公众号（北京社会建设和民政），输入姓名和身份证号码后申请。

[①] 申请失能护理补贴的老年人需先进行老年人能力综合评估，被评为重度失能的老年人不用申请，政府会自动发放补贴。

线下办理：在街道办事窗口出示居民身份证或户口簿原件申请。或者在社区或街道领取并填写《北京市老年人养老服务补贴津贴申请表》后，到户籍所在地街道社会救助或"一门受理"窗口出示居民身份证或户口簿原件申请。

北京市社会福利综合管理平台将向老年人预留的手机号码推送养老服务补贴津贴发放通知，确认回复后，平台将直接发放补贴至银行账户。

所提交申请信息经过政府审核后即进入津贴发放阶段，具体方式如图3-17所示。最后，区民政局或申请人需要定期对相关信息进行复核。

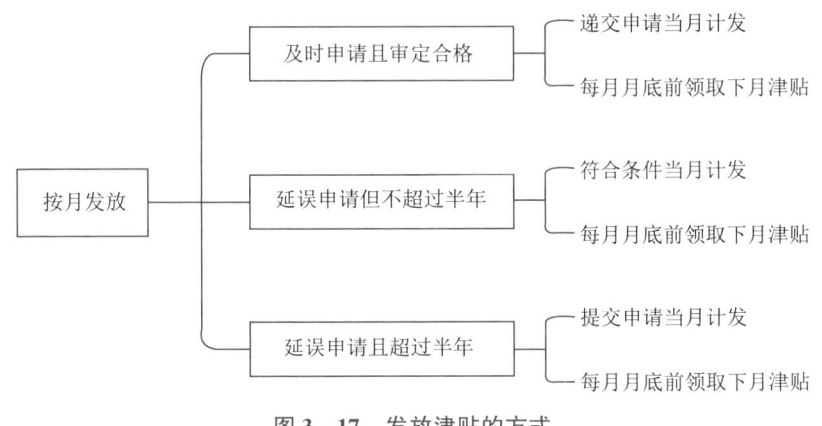

图3-17 发放津贴的方式

津贴发放对账户类型有什么要求？ 可以任选养老助残卡、民政一卡通、残疾人服务一卡通、特殊家庭老年人扶助卡、第三代社会保障卡、军人保障卡中的一个作为津贴发放的账户。综合管理平台将自动生成新的补贴津贴，或者由申请人重新申请。

40. 什么是老年人社会救助制度？

社会救助政策是政府和社会根据法定的程序和特定的标准对难以维持最低生活水平的社会成员及家庭提供的援助与支持。2014年出台的《社会救助暂行办法》将我国过去散乱的各项社会救助政策整合成一个大的社会救助政策体系，形成了以最低生活保障、特困人员供养为基本生活救助，医疗、教育、住房、就业救助为专项救助，以及受灾人员救助、临时救助的临时应急救助，社会力量参与为补充的"8+1"社会救助政策体系。

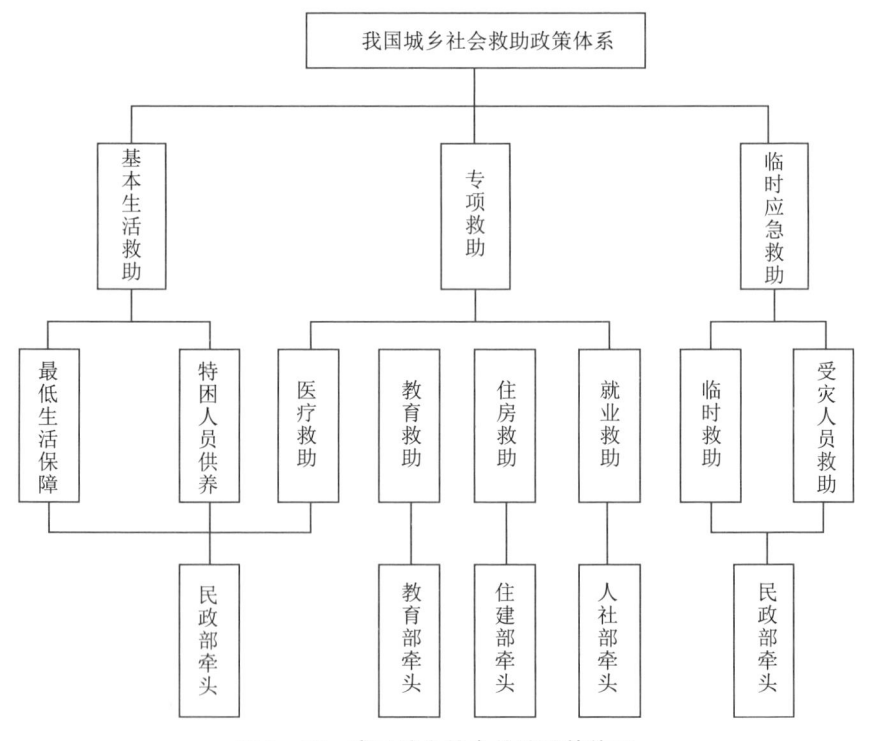

图 3-18 我国城乡社会救助政策体系

基本生活救助是什么？ 基本生活救助政策包括城乡最低生活保障政策和特困人员供养救助政策。最低生活保障政策是社会救助政策的核心，于 2022 年 7 月起北京市低保标准调整为1320 元/月，特困人员基本生活标准调至 1980 元/月。

哪些人可以申请享受基本生活救助？ 申请最低生活保障条件如下：

（1）持有本市户籍的居民，共同生活的家庭成员人均收入低于本市当年城乡居民最低生活保障标准，且家庭财产状况符合政策规定的。

（2）持有外地户籍的居民与本市居民结婚并在本市定居半年以上，且家庭收入和财产状况符合政策规定的。

（3）符合下列条件之一的本市户籍人员，直接纳入城乡低保范围：

• 低收入家庭中残疾等级为一、二级的视力、听力、言语、肢体残疾人和残疾等级为一、二、三级的智力、精神残疾人（以下简称重度残疾人）；

• 符合本市低保家庭财产状况规定的、依靠兄弟姐妹或 60 周岁及以上的老人扶养或抚养的成年无业重度残疾人。

申请特困人员救助供养条件如下：具有本市户籍的老年人、残疾人以及未满 16 周岁的未成年人，且家庭经济状况符合本市规定。同时具备：无劳动能力；无生活来源；无法定赡养、抚养、扶养义务人或者其法定义务人无履行义务能力，应当依法纳入特困人员救助供养范围。

专项救助是什么？哪些人可以申请专项救助？ 专项救助细化补充医疗、教育、住房、就业、采暖救助的救助对象、救助方式、救助程序以及其他相关内容。符合条件的最低生活保障家庭（成员）、特困人员、低收入家庭（成员），以及市、区人民政府规定的其他特殊困难人员可以申请医疗救助。符合本市住房困难标准的最低生活保障家庭（成员）、分散供养的特困人员、低收入家庭（成员），以及收入、资产符合本市相关规定的其他家庭可以申请住房救助。最低生活保障家庭中被认定为就业困难人员的成员可以申请就业救助。符合条件的最低生活保障家庭（成员）、分散供养的特困人员可以申请采暖救助。

专项救助内容包括哪些？包括医疗救助、住房救助、就业救助。

医疗救助内容包括：（1）对最低生活保障家庭（成员）、特困人员、低收入家庭（成员）参加城乡居民基本医疗保险的个人缴费部分，给予全额资助；（2）对救助对象经各类保险支付后，由个人负担的符合本市规定的医疗费用，按照不同情形分别给予救助。

住房救助内容包括：（1）城镇居民住房救助通过配租公共租赁住房、发放公共租赁住房租金补贴和市场租赁住房租金补贴等方式实施；（2）农村居民住房救助通过发放农村危房改造补贴的方式实施。

就业救助主要通过贷款贴息、社会保险补贴、岗位补贴、培训补贴、税费减免、公益性岗位安置等办法，给予救助。

临时应急救助是什么？哪些人可以申请临时应急救助？临时应急类救助政策主要包括临时救助政策和受灾人员救助政策，这一类救助主要具有临时性与紧急性，在其他社会救助政策暂时无法覆盖的时候起到补充作用。我国受灾人员救助政策主要针对的是那些由于受到自然灾害的严重影响,而使基本生活难以为继的人群。

申请临时救助条件如下:(1)因火灾、交通事故等意外事件,家庭成员突发重大疾病、遭遇突发事件等原因,导致基本生活暂时出现严重困难的家庭(个人);(2)因生活必需支出突然增加超出家庭承受能力,导致基本生活暂时出现严重困难的本区低保(含生困)、低收入家庭;(3)遭遇其他特殊困难的家庭(个人)。

应急救助内容包括哪些?受灾人员救助内容包括:(1)灾害应急救助;(2)过渡期生活救助;(3)遇难人员亲属抚慰;(4)倒塌、损坏农房恢复重建补助;(5)旱灾临时生活困难救助;(6)冬春临时生活困难救助。临时救助内容包括:(1)临时救助金。本区户籍人口或低保(含生困)、低收入人员,以家庭(个人)为单位申请,标准为家庭每人(个人)不超过3个月本市当年低保标准之和。(2)救助服务。由本辖区的救助管理机构或是慈善超市为救助对象提供衣物、食品等生活照料服务。(3)转介服务。对于给予临时救助金和提供救助服务之后,仍不能解决困难的,可分情况提供转介服务。

41. 如何申请各类社会救助?

符合上述条件的人员可以通过下面网站和步骤进行申请。

第一步:打开北京市民政局官网 http://mzj.beijing.gov.cn/申请,点击【更多】。

图 3-19 北京市民政局官网（第一步）

第二步：找到【个人办事】—【社会救助】，点击想要申请的项目即可申请。

图 3-20 北京市民政局官网（第二步）

42. 什么是老年人优待福利制度？

老年人优待福利制度即政府和社会在做好公民社会保障和基本公共服务的基础上，在医、食、住、用、行、娱等方面，积极为老年人提供的各种形式的经济补贴、优先优惠和便利服务。

哪些人可以享受本市的优待福利制度？60周岁及以上的北京市户籍老年人和常住外埠（外地）老年人[①]，持北京通—养老助残卡享受相应的优待政策。

可以享受哪些优待福利？符合条件的老年人可以享受六类优待：政务服务优待、卫生保健优待、交通出行优待、商业服务优待、文化休闲优待和维权服务优待。

第一类是政务服务优待。具体表现在制定社会救助、保障政策时对贫困、失能老年人给予重点照顾（享受本市城乡居民

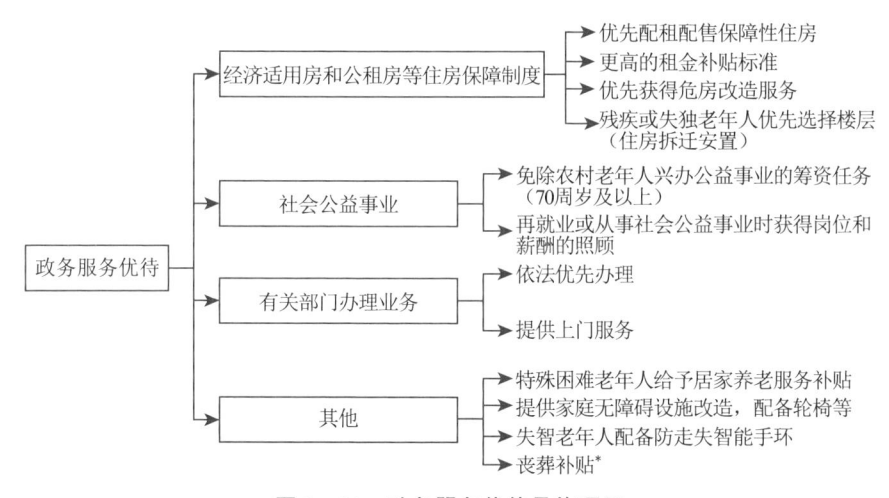

```
政务服务优待
├── 经济适用房和公租房等住房保障制度
│   ├── 优先配租配售保障性住房
│   ├── 更高的租金补贴标准
│   ├── 优先获得危房改造服务
│   └── 残疾或失独老年人优先选择楼层（住房拆迁安置）
├── 社会公益事业
│   ├── 免除农村老年人兴办公益事业的筹资任务（70周岁及以上）
│   └── 再就业或从事社会公益事业时获得岗位和薪酬的照顾
├── 有关部门办理业务
│   ├── 依法优先办理
│   └── 提供上门服务
└── 其他
    ├── 特殊困难老年人给予居家养老服务补贴
    ├── 提供家庭无障碍设施改造，配备轮椅等
    ├── 失智老年人配备防走失智能手环
    └── 丧葬补贴*
```

图3-21 政务服务优待具体项目

注：*具有本市户籍，且未享受本市丧葬补助费待遇的老年人去世后，享受丧葬补贴，标准为5000元。对去世老年人选择骨灰撒海的家庭实行免费，选择长青园骨灰林立体安葬方式的，给予相应补贴（对本市户籍亡故居民选择定点骨灰立体安葬的给予补贴，每个格位财政补贴1000元，居民个人负担2000元。免费为重点优抚对象和享受本市城乡居民最低生活保障待遇的对象提供骨灰格位安葬服务，每个单格骨灰格位财政补贴3000元）。

---

① 60周岁及以上办理了居住证的外埠老年人。居住满6个月及以上的外埠60周岁及以上老年人可自愿到经常居住地的社区居委会或村委会提出申请。

最低生活保障待遇、农村"五保"老年人①应纳入医疗救助范围，提高其救助报销比例和额度，未纳入城镇职工基本医疗保险或新型农村合作医疗、城镇居民基本医疗保险的，资助其参加城镇居民基本医疗保险或新型农村合作医疗），以及在经济适用房和公租房等住房保障制度、有关部门办理业务、社会公益事业和其他四个方面的优待。

第二类是卫生保健优待。具体表现为：社区卫生服务机构优先对辖区内65周岁及以上老年人免费建立健康档案，每年提供一次免费健康管理服务；② 因亲属逝世形成精神障碍的老年人，居住地居（村）委会可协助监护人开展在专业机构内进行的精神干预支持工作；大、中型医疗机构对重病、失能老年人就医提供优先服务；③ 空巢老年人家庭可免费安装紧急医疗救援呼叫器（一按灵）和烟感报警器（或液化气报警器、一氧化碳报警器）。

第三类是交通出行优待。具体表现为：老年人持北京通—养老助残卡可免费乘坐公交车；铁路部门对有特殊需要的老年人提供订票和选座位的便利服务；依托96106出租汽车召车热线优先安排老年人叫车需求；在车站等场所设置老年人等候专座，在身份验证、检票、安检及行李托运等处设置老年人专用进出通道；在保险制度方面，政府对本市户籍特殊困难老年人购买意外伤害保险予以资助，其他参保老年人可获得保险费、

---

① 老年、残疾或者未满16周岁的村民，无劳动能力、无生活来源又无法定赡养、抚养、扶养义务人，或者其法定赡养、抚养、扶养义务人无赡养、抚养、扶养能力的，享受农村五保供养待遇。
② 健康管理服务包括生活方式和健康状况评估、体格检查、辅助检查和健康指导。
③ 优先服务包括挂号（退换号）、就诊、转诊、综合诊疗、化验、检查、交费、取药等。

保险金额等方面的优惠；老年人在为老服务单位①提供服务的区域内因意外情况导致伤亡时享受先行赔付服务；除此之外，老年人享受一系列无障碍服务：

旧小区无障碍改造

公厕配套无障碍设施

无障碍等候区（公交车首末站设立）

无障碍出租汽车

无障碍车厢和座位

图3-22　无障碍服务种类

第四类是商业服务优待。具体表现为：商场、超市设立老年用品专柜及老年人休息专座；增加社区、养老机构（包括养老照料中心）缴费网点，为特殊老年人提供电话预约、免费上门等服务；金融机构为老年人办理业务提供导银服务，对行动不便的老年人提供上门服务或代办服务，鼓励金融机构为养老金客户开展减费让利。

第五类是文化休闲优待。主要场景为公园、公共体育场馆、剧院及演出场馆、公共图书馆、旅游景区、博物馆、非财政支持的文体设施以及老年教育资源，其中财政支持的公共图书馆应开设老年读者阅览区域，并为老年人提供大字阅读设备、触屏读报系统等以及老年镜、放大镜等方便阅读的物品；享受本市城乡居民最低生活保障待遇、农村"五保"老年人进入老年

---

① 社区综合为老服务中心是指社区内各类为老服务设施相对集中设置，并依托信息化管理平台，统筹为老服务资源、提供多样化服务、方便群众办事的为老服务综合体。

大学学习的，减免学杂费。

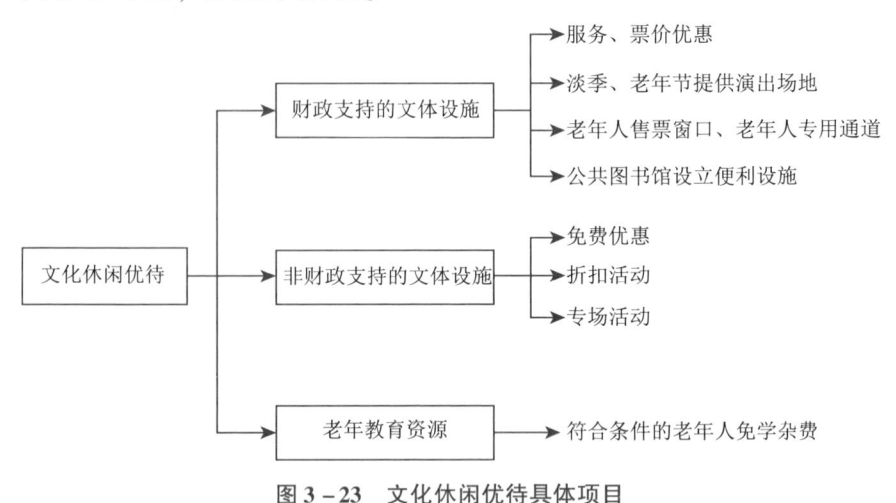

图 3-23　文化休闲优待具体项目

第六类是维权服务优待。具体表现为各级人民法院、司法机关、各级法律援助中心以及老年人法律援助律师团为老年人提供维权服务优待，且享受本市城乡居民最低生活保障待遇、农村"五保"以及其他生活困难的老年人因特定事项①提起诉

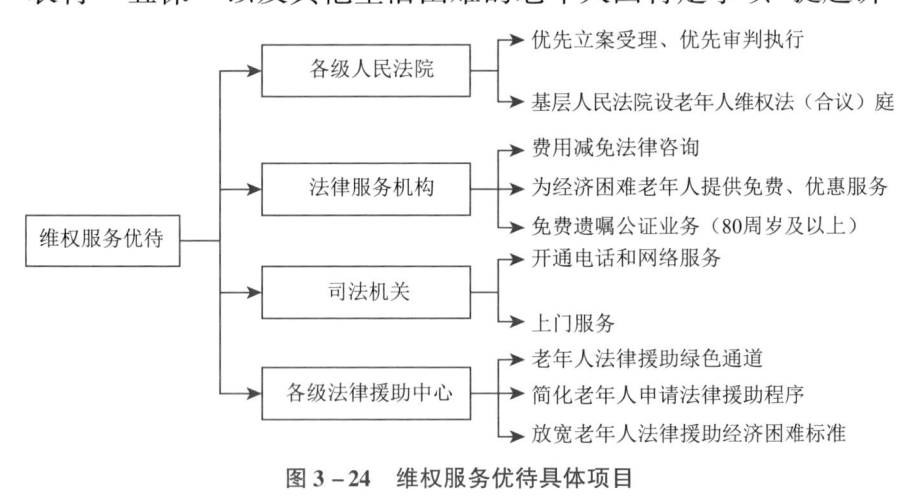

图 3-24　维权服务优待具体项目

---

① 包括老年人追索赡养费、扶养费、养老金、退休金、抚恤金、医疗费、劳动报酬、人身伤害事故赔偿金等事项。

讼，交纳诉讼费确有困难的，可以申请司法救助，缓交、减交或者免交诉讼费。因情况紧急需先予执行的，可依法裁定先予执行；符合法律援助经济困难标准的老年人因其合法权益受侵害申请法律援助的，不再审查法律援助事项范围。

43. 什么是长期护理保险制度？

长期护理保险制度是为被保险人在丧失生活自理能力、年老患病或身故时，提供生活照料和医疗护理方面的服务或经济补偿的制度安排。北京市石景山区从 2018 年开始，先后在八角街道、八宝山街道、鲁谷街道三个街道开展了前期试点工作，至今，加入石景山区长期护理险试点的机构达 78 家，截至 2022 年 12 月，全区累计 3724 名重度失能人员享受到了长期护理险试点政策带来的福利。

哪些人可以享受长期护理保险制度？《北京市长期护理保险制度扩大试点方案》（京医保发〔2020〕30 号）中明确：北京市辖区内参加城镇职工基本医疗保险和城乡居民基本医疗保险的人员（暂不含学生、儿童），应纳入长期护理保险参保范围。因年老、疾病、伤残等原因，经医疗机构规范诊疗、失能状态持续六个月以上，经申请通过评估认定的重度失能参保人员，可按规定享受相关待遇。根据本市经济社会发展和基金承受能力，逐步扩大保障范围。

保障的具体内容有哪些？以保障重度失能人员基本生活照料和与基本生活密切相关的医疗护理为主要内容，分为机构护理、机构上门护理和居家护理三种方式，按照服务方式的不同，采取不同的比例进行费用支付或上门服务。服务内容包括清洁照料、饮食照料、排泄照料、卧位与安全照料、病情观察、康复护理等32项日常基本生活护理和与日常基本生活密切相关的医疗护理。其支付标准为3000元/月,基金支付水平总体控制在70%左右。具体支付标准如图3-25所示,其中居家护理服务中护理员上门提供服务的个人支付部分由商保经办机构代扣。

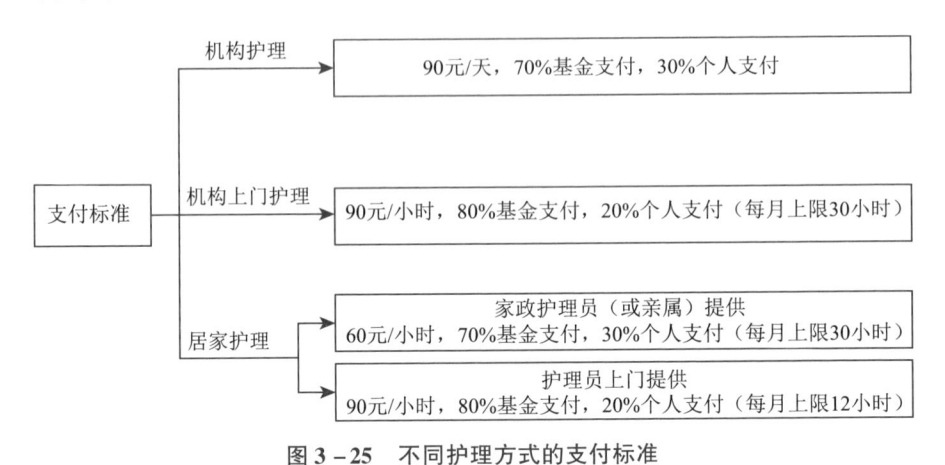

```
                    ┌─ 机构护理 ────→ 90元/天,70%基金支付,30%个人支付
                    │
                    ├─ 机构上门护理 ─→ 90元/小时,80%基金支付,20%个人支付(每月上限30小时)
    支付标准 ──────┤
                    │                 ┌─ 家政护理员(或亲属)提供
                    │                 │  60元/小时,70%基金支付,30%个人支付(每月上限30小时)
                    └─ 居家护理 ─────┤
                                      └─ 护理员上门提供
                                         90元/小时,80%基金支付,20%个人支付(每月上限12小时)
```

图3-25 不同护理方式的支付标准

如何申请? 参保人员申请享受长期护理保险待遇,应当由本人或其委托代理人通过手机App、微信小程序等向委托的商保经办机构提出申请;也可持有效身份证到居住地商保经办机构受理点提出申请。

该制度如何筹资? 《北京市长期护理保险制度扩大试点方案》(京医保发〔2020〕30号)中规定:扩大试点阶段筹资标准暂定为180元/(人·年),建立与经济社会发展和保障水平相适应的筹资动态调整机制。城镇职工筹资由单位和个人共同分担,分担比例为5∶5。城镇职工单位缴费由职工基本医疗保险统筹基金划转,不增加企业负担;个人缴费由职工基本医疗保险个人账户代扣代缴。城乡居民筹资由财政和个人共同分担,分担比例为5:5，其中符合城乡居民基本医疗保险个人缴费财政全额补助条件的人员，其参加长期护理保险个人缴费由财政全额补助。探索通过财政等其他筹资渠道，对特殊困难退休职工缴费给予适当资助。

```
资金来源 ──┬── 城镇职工 ──┬── 单位（基本医疗保险统筹基金划转）
          │              └── 个人（职工基本医疗保险个人账户代扣代缴）
          └── 城乡居民 ──┬── 财政
                         └── 个人（符合条件财政全额补助）
```

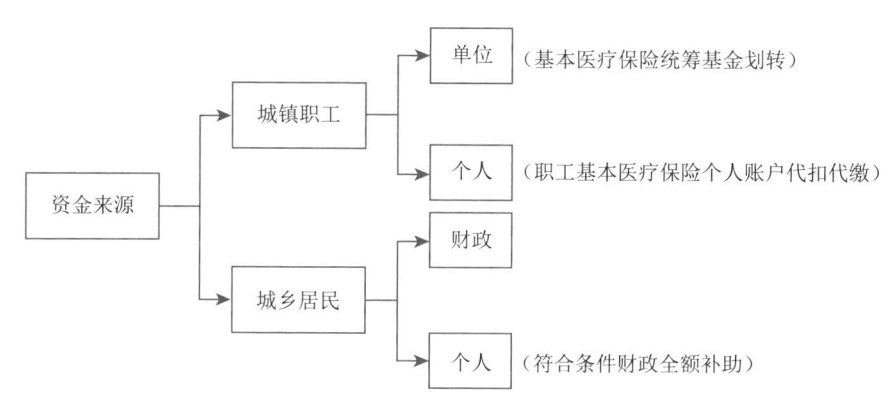

图3-26　长期护理保险制度筹资方式

第 4 章
北京市就近精准养老服务体系

44. 养老服务包括哪些内容?

养老服务是政府、市场、社会、社区、家庭、单位等主体根据各类老年人的需求为全体老年人提供的生活照料、精神慰藉、康复护理、紧急援助等方面的各类制度、政策、技术和措施的总和。养老服务具有社会福利属性,由于老年人及其家庭的经济状况等的不同,不同情况下政府和家庭承担的责任不完全相同,为此,养老服务可以分为基本养老服务和非基本养老服务。

基本养老服务主要是"管基本",以政府为主要供给主体,聚焦服务老年人的失能照护和生命安全等基本需要,以

北京市基本养老服务(服务对象)	
1.	达到待遇享受年龄的老年人
2.	城乡特困老年人,低保或低收入家庭失能、失智、高龄老年人,失能、失智、重度残疾、计划生育特殊家庭老年人等保障群体
3.	有本市户籍,经乡镇人民政府(街道办事处)审核认定的无劳动能力,无生活来源,无法定赡养、抚养、扶养义务人或者其法定义务人无履行义务能力老年人
4.	低保老年人
5.	低收入家庭老年人
6.	经老年人能力综合评估确定为失能、失智的老年人
7.	计划生育特殊家庭老年人
8.	经认定符合条件的残疾老年人
9.	经认定特殊困难老年人
10.	对国家和社会做出特殊贡献的老年人
11.	生活无着的流浪、乞讨老年人

图 4-1 北京市基本养老服务的服务对象

做到尽力而为、量力而行为服务原则；服务对象面向全体老年人，优先保障特殊困难老人的需要。非基本养老服务则主要是由市场调节，旨在形成以家庭为基础，市场、社会、政府各司其能的新型养老模式。《北京市基本养老服务清单（2022年版）》将服务对象细分为十一个类别，针对不同类别老年人的具体需求，从物质帮助、关爱服务、照护服务三个层次，提供服务项目，实现基本养老服务的精准识别、精准供给。

北京市基本养老服务（服务内容）

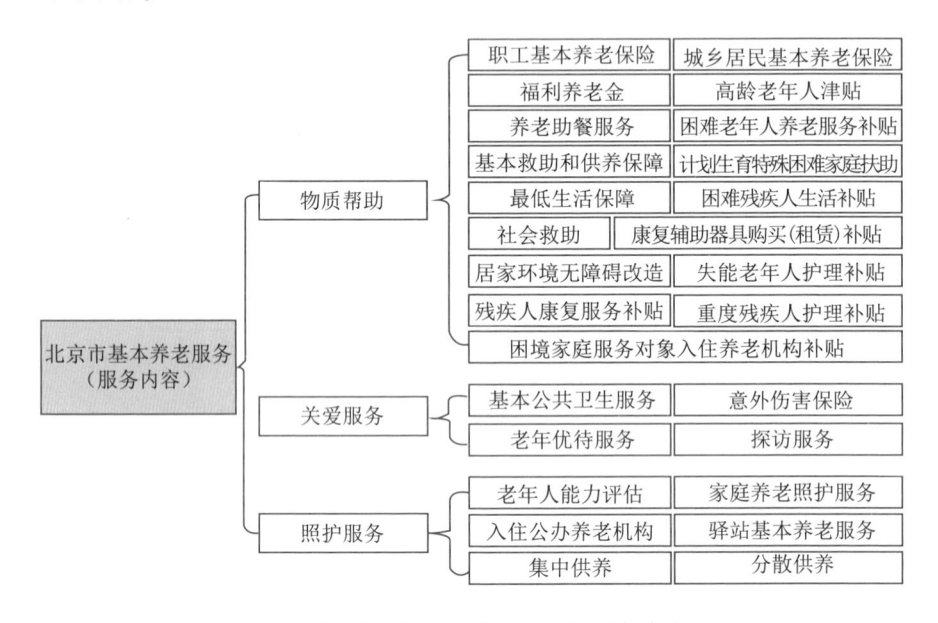

物质帮助：
- 职工基本养老保险
- 城乡居民基本养老保险
- 福利养老金
- 高龄老年人津贴
- 养老助餐服务
- 困难老年人养老服务补贴
- 基本救助和供养保障
- 计划生育特殊困难家庭扶助
- 最低生活保障
- 困难残疾人生活补贴
- 社会救助
- 康复辅助器具购买(租赁)补贴
- 居家环境无障碍改造
- 失能老年人护理补贴
- 残疾人康复服务补贴
- 重度残疾人护理补贴
- 困境家庭服务对象入住养老机构补贴

关爱服务：
- 基本公共卫生服务
- 意外伤害保险
- 老年优待服务
- 探访服务

照护服务：
- 老年人能力评估
- 家庭养老照护服务
- 入住公办养老机构
- 驿站基本养老服务
- 集中供养
- 分散供养

图4-2 北京市基本养老服务的服务内容

45. 目前北京市有哪些主要的养老服务方式？

根据养老服务的提供方式，传统的社会化养老服务可以分为居家养老服务、社区养老服务和机构养老服务。三种方式相互补充、相互促进，针对不同类型老年人的需求提供针对性养老服务。在经济社会发展的不同阶段，三种方式所占的比例和提供的服务内容也在动态变化。

居家养老。主要指的是以家庭养老为基础，由家庭成员或其他亲属、专门的服务机构等非正式和正式照护人员进行组合，将社会服务甚至机构服务引入家庭场景，让老年人在自己的家中就可以享受到照顾的社会化养老服务方式。服务来源中的正式与非正式照护人员的关键区分主要是专业水平的高低。服务内容多以家政服务、基本生活照料服务为主，康复护理、医疗保健、心理咨询等为辅。2019年，北京开始发展养老家庭照护床位、家庭护理病床等新模式，为老年人尤其是重度失能失智老年人在家中养老提供了新的服务形式。

社区养老。主要指的是以家庭为核心，以社区为依托，依托专业化队伍，为老年人提供上门服务和社区日托服务的养老服务方式。老年人根据自身的条件及家庭需要，选择在家接受服务，也可以采取半托、全托等方式在社区养老服务机构接受服务。社区养老让老年人住在家中继续和家人生活的同时，可以减轻年轻人照顾老年人的压力，还能为老年人提供更加专业的养老服务。

机构养老。主要指的是由专门的养老服务机构或场所，采取专业化的方式，为老年人提供饮食起居、清洁卫生、生活护理、健康管理、文娱活动、医疗护理、康复和日常生活等综合性服务的养老方式。当前北京市老年人可前往养老院、养老公寓、养老社区等进行机构养老。养老机构通常配备有齐全的设施设备，实行正规的管理。同时，由专业化的服务人员提供服务，能更好地解决老年人在使用智能养老设备时的困境，智慧养老也能得到更好的发展。

46. 目前北京市有哪些新型养老服务方式？

近年来，随着互联网、物联网技术的广泛应用，一些新型养老模式快速兴起，出现了"无围墙敬老院""虚拟养老院"等新型智慧养老方式。同时，随着养老服务体系的完善和服务方式不断创新，当前也出现了异地养老、旅居养老、互助养老、抱团式养老等新养老形式。

异地养老。是指老年人离开现有住所，去往外地居住的一种养老方式。有学者根据养老目的地的不同，将异地养老划分为"生活享受型""投靠子女型""子女吸引型""机构移居型"等不同类别。也可以划分为候鸟式安居型、旅游观光型、休闲度假型、探亲交友型等，以及迁居和暂居等不同形式。北京市在2016年由民政部门与津冀签署了《京津冀养老工作协同发展合作协议（2016—2020年）》，为北京市老年人前往河北、天津等周边省份养老提供了机会与便利。

旅居养老。与异地养老方式密切相关，是老年人突破传统居家养老的环境限制、地域限制，离开自己的居住地，选择自然环境较好、气候较为舒适的地方生活的一种积极养老方式。老年人会在不同的季节，辗转多个地方，如夏天去较为凉爽的北方，冬天去较为温暖的南方，春天去风景优美的旅游城市等，旅居时间可长可短，老年人一边旅游一边养老，既实现健康养生，也可以开阔视野，不仅成为一部分老年人主要的生活方式，也成为弥补养老床位不足的重要手段。目前国内主要形成了乡村旅游模式、酒店公寓模式、异地养老社区模式、旅居换住模式等不同发展模式。

互助型社会养老。是利用互助服务和志愿服务，通过专业社会组织赋能管理、企业经营等方式，发动互助小组、志愿队伍、互助志愿队伍、互助组织（合作社）等各类组织形式，利用亲朋邻里、志愿者等社会互助资源，围绕老年人开展资金互助、服务互助、文化互助等多种互助项目的社会养老服务保障方式。当前，北京市以村级邻里互助点、农村幸福院等为依托的农村互助养老服务网络逐步发展。

47. 不同的养老服务方式的建设目标是什么？

针对家庭养老功能弱化，高龄老人和空巢老人日益增多的现实，北京市养老服务的提供主体从家庭、单位、政府走向社会，采用社会化服务手段和方式构建多元主体参与、多渠道、多层次养老服务格局，为老年人提供全面的服务。北京市从"十二五"时期就提出了"90∶6∶4"养老服务体系，"十三五"时期进一步提出"三边四级"养老服务体系，支持家庭承担养老功能，培育养老新业态，构建"居家社区机构相协调、医养康养相融合"的就近精准养老服务体系。

根据《北京市养老服务专项规划（2021—2035年）》，北京市养老服务将全面建成、全面覆盖、城乡统筹、独具北京特色的"三边四级"精准居家社区养老服务体系。建设目标是：

到2025年，全市养老床位总数达到15.3万张，千人常住人口养老床位数达到7张，建成并运营街乡镇养老照料中心

280个，社区养老服务驿站1200个。实现养老服务设施均衡布局，街乡镇养老照料中心和社区养老服务驿站全覆盖，街乡镇养老服务联合体和市区养老服务联动支援机制不断推进，京津冀区域养老服务协同发展深化拓展。

到2035年，全市养老床位总数达到21.6万张，千人养老床位数达到9.5张，建成并运营街乡镇养老照料中心380个，社区养老服务驿站总量不少于1600个。全面建立街乡镇养老服务联合体和市区养老服务联动支援机制，失能失智老年人90%以上可获得优质高效的长期照护服务，老年人可享受便捷可及、品质较高的养老服务。

48. 什么是"三边四级"养老服务体系？

"三边"指老年人的周边、身边、床边。"四级"指在政府主导下，通过构建市级指导、区级统筹、街乡落实、社区参与的四级养老服务网络，实现老年人在其周边、身边和床边就近享受居家养老服务。

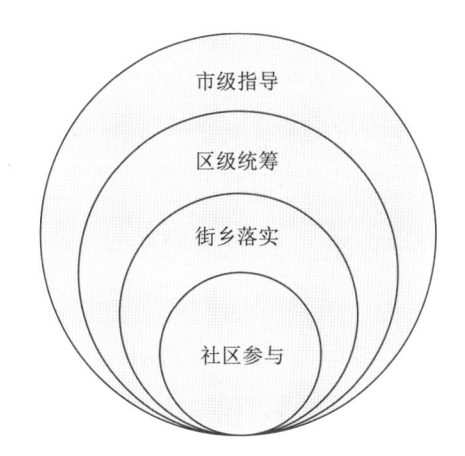

图 4-3 北京市"四级三边"养老服务体系

根据《北京市养老服务专项规划（2021—2035 年）》，北京市将围绕明确四方责任、明确四级功能、明确就近原则、提高医养结合能力、完善老残儿一体化体系，系统地完善和构建就近精准养老服务体系。在就近精准养老服务体系的服务主体中，家庭始终是养老服务体系中的基础和立足点；政府主要承担兜底线和基本的职责；市场主要提供养老服务及产品，满足老年人多样化、个性化的养老服务需求；社会力量是重要的参与者，与政府和市场一起参与并解决公共养老服务问题。

不同层级服务供给主体在就近精准养老服务体系中承担不同的职能。市属养老机构主要以完善特殊困难老年人的兜底保障，发挥市属社会福利机构在区域中的专业补缺作用；区属福利机构主要是承担区属机构的补充指导功能，大力建设区属精神残疾福利机构；街道（乡镇）层面公办养老机构及养老照料中心则主要承担区域内的基本养老服务保障职能，发挥居家养老的辐射和拓展作用；社区层面养老服务驿站、农村幸福晚年驿站则主要充分利用社区资源，就近提供居家养老服务，完善"十五分钟服务圈"，为老年人提供便捷、安全的养老服务。

为推动"最后一公里"的养老服务落地，北京市积极探索建立街道乡镇养老服务联合体，即在街道党工委（乡镇党委）的领导下，聚焦辖区内老年人服务需求，建立健全议事协商、涉老信息整合等机制，统筹辖区内养老服务机构、社区卫生服务中心（站）及各类服务商等资源，为辖区内全体老年人提供就近精准养老服务的区域养老模式。街道乡镇联合体建设的主要目标是，到2025年底，全市联合体基本建成，实现平稳有序运行，老年人获得感不断提升；到2035年底，联合体全面建成，并取得良好成效。

49. 目前北京市为老年人提供哪些政府购买服务？

当前政府购买的养老服务重点涉及生活照料、康复护理和养老服务人员培养等方面。

一是购买居家养老服务，主要是为符合政府资助条件的老年人购买助餐、助浴、助洁、助急、助医、护理等上门服务，以及养老服务网络信息建设。二是购买社区养老服务，主要包括为老年人购买社区日间照料、老年康复、文体活动等服务。三是购买机构养老服务，主要为"三无"（无劳动能力、无生活来源、无赡养人和扶养人或者其赡养人和扶养人确无赡养和抚养能力）老人、低收入老人、经济困难的失能半失能老人购买机构供养、护理服务。四是购买养老服务人员培养服务，主要包括为养老护理人员购买职业培训、职业教育和继续教育等。五是购买养老服务评估，主要包括老年人能力评估和服务需求评估的组织实施、养老服务评价等。

50. 什么是居家养老服务？

居家养老服务是指以家庭为基础，在政府主导下，以城乡社区为依托，以社会保障制度为支撑，由政府提供基本公共服务，企业、社会组织提供专业化服务，基层群众性自治组织和志愿者提供公益互助服务，满足居家老年人社会化服务需求的养老服务模式。

2015年《北京市居家养老服务条例》颁布实施，鼓励发展专业化居家养老服务企业和社会组织，以社会化、市场化手段为居家老年人提供上门居家养老服务。为此，条例原则性规定了居家养老服务的内容，主要包括：(1) 为老年人提供社区老年餐桌、定点餐饮、自助型餐饮配送、开放单位食堂等用餐服务；(2) 为老年人提供体检、医疗、护理、康复等医疗卫生服务；(3) 为失能老年人提供家庭护理服务；(4) 为失能、高龄、独居老年人提供紧急救援服务；(5) 利用社区托老所等设施为老年人提供日间照料服务；(6) 为老年人提供家庭保洁、助浴、辅助出行等家政服务；(7) 为独居、高龄老年人提供关怀访视、生活陪伴、心理咨询、不良情绪干预等精神慰藉服务；(8) 开展有益于老年人身心健康的文化娱乐、体育活动。

2023年1月，国家民政部也公布了《居家养老上门服务基本规范》行业标准草案，向社会公开征求意见，草案对居家养老上门服务的内容、服务机构、服务人员、服务流程、服务协议、服务实施、服务回访、服务评价和服务改进等均做了规定。但从北京市目前的情况看，受专业化人员不足、人力成本较高等因素的影响，专门从事居家养老服务的公司并不多，养老机构和社区养老服务驿站等上门服务意愿不强烈，北京市居家养老市场发育非常不充分。

51. 什么是"养老家庭照护床位"？

养老家庭照护床位是居家养老服务的一种新方式，具体指的是依托就近的养老服务机构，通过家庭适老化改造、信息化管理、专业化服务等方式，将机构养老的服务环境搬到老年人家中，将专业的照护服务送到老年人的床边，提升居家生活的失能、重残老年人的专业照料服务水平和生活质量。其与社区养老服务驿站的临时托养床位、养老机构的集中照料床位共同构成北京市养老服务"三张床"，旨在为老年人提供"床边、身边、周边"的长期照护服务。

(1) 哪些老年人可以申请养老家庭照护床位服务？

具有北京市户籍、居家生活并经老年人能力综合评估确定为重度失能的老年人和重度残疾的老年人，城乡特困人员可扩展到中度失能老年人。同时，有条件的地区，也可进一步扩展到低收入困难群体中的高龄独居、空巢、失独的中轻度失能老年人可以申请家庭养老照护床位服务。

(2) 养老家庭照护床位主要提供哪些服务内容？

在服务提供上，养老家庭照护床位是由筛选出的养老服务机构，根据协议明确后的服务内容、服务时间、服务频次、服务收费、权利义务、风险责任分担机制、争议纠纷解决途径等，为服务对象提供生活照料、康复护理、健康管理、辅具支持、心理服务、居家安全协助等服务，并为家庭照护者提供护理技能提升培训。

(3) 养老家庭照护床位由哪些机构提供服务？

参与提供养老家庭照护床位服务的，应为依法登记并在民政部门备案、服务质量星级评定为二星级以上、具备基本医疗服务能力和24小时服务响应能力的养老服务机构。

(4) 养老家庭照护床位服务如何申请？

符合条件的老年人可以向居住地的街道（乡/镇）进行申请。街道（乡/镇）负责把好入口关，审核老年人的条件及养老服务机构的相关资质是否符合要求。

养老家庭照护床位服务需要经过以下具体流程：

个人申请。老年人或其代理人，可以向常住地所在区民政局公布的养老服务机构申请建设养老家庭照护床位，原则上向就近选择常住地的服务机构提出申请。

需求评估。养老服务机构需要根据服务对象的生活状况、健康状况、经济状况、精神状态等因素，制订个性化专业照护方案，并建立服务档案。

签订协议。养老服务机构需要与服务对象签订服务协议，明确服务内容、服务时间、服务频次、服务收费、权利义务、风险责任分担机制、争议纠纷解决途径等。养老家庭照护床位不收床位费，照护服务收费根据服务质量、服务内容等因素采取市场定价，由服务机构自主确定，并及时报区民政局备案。

缴纳费用。服务对象需要按照服务协议规定，按期缴纳照护服务费用。

（5）养老家庭照护床位服务享受哪些支持政策？

养老家庭照护床位并不是单独的政策，而是以政策集成方式开展的养老服务创新，可集成获得家庭适老化改造、床位运营补贴、综合责任险补助、签约家庭医生、开设家庭病床等支持。具体支持政策主要有：

居家环境无障碍改造补贴。符合条件的重度残疾老年人家庭，按照《北京市残疾人居家环境无障碍改造服务管理暂行办法》，申请进行养老家庭照护床位适老化改造，享受居家环境无障碍改造补贴。各区可将配置智慧健康信息化养老服务设备，一并纳入适老化改造并给予相应补贴。

养老家庭照护床位补贴。参照养老机构床位运营补贴政策执行，市财政按照每床每月500元标准给予各区补助，所需经费纳入养老机构运营补贴经费。

纳入家庭医生签约服务范畴。享受养老家庭照护床位的老年人，纳入基层医疗卫生机构家庭医生签约范畴，提供免费建立健康档案、免费体检、预约转诊、开具长处方等服务。

纳入家庭病床，医保实时结算。符合家庭病床条件的可申请开设家庭病床，医保定点医疗机构按照家庭病床规定管理，提供医疗服务，发生的医疗服务费用纳入医保实时结算。

养老服务机构综合责任保险补贴。签约的养老服务机构应为养老家庭照护床位购买养老服务机构综合责任保险，享受政府补贴政策。

(6) 养老家庭照护床位服务是如何监管的？

养老家庭照护床位的监管主要涉及行业监管、综合监管、专项监管以及投诉反馈等内容。具体来说：一是区民政局主要落实行业监管责任。二是区财政局、卫生健康委、医保局等部门按照职责落实专项监管责任，对养老服务机构进行综合监管。各区民政局、签约的养老服务机构必须建立投诉反馈机制，公示投诉受理和处理的方式及程序，畅通投诉反馈渠道，及时处理服务对象及家属反映的问题。老年人针对养老服务机构中的问题，可前往各区综合服务大厅及其官方网站、公众服务号等进行投诉和反馈。三是街道层面主要是进行属地监管，重点对服务商开展质量监管、过程性服务监测；建立投诉反馈机制，公示投诉受理和处理的方式和程序，畅通投诉反馈渠道，及时处理服务对象及家属反映的问题。同时，社区层面重点加强居民服务满意度与投诉、建议、反馈等方面的社会监督。

养老家庭照护床位发生服务质量、服务安全、欺老虐老等问题及失信行为，属于养老服务机构责任的，按照相关规定追究养老服务机构相应的责任。

52. 什么是社区养老服务？

社区养老服务主要指的是让老年人居住在自己熟悉的社区内，以家庭为核心、社区为依托，以日间照料、生活护理、家政服务和精神慰藉为主要内容，以上门服务和社区日托为主要形式的养老模式。

（1）什么是社区照顾服务模式？

国外的社区养老服务概念一般称为社区照顾。社区照顾起源于"二战"以后英国等国家的"反院舍化运动"（即"反机构照顾"），强调和鼓励更多非正式及私有化的服务在福利提供方面的参与。从实务应用的角度，社区照顾指的是专业性的社区工作者动员和调动社区资源，运用正式的和非正式的支持网络，联络社区内政府和非政府的机构，通过合作和协调，以正式合法的社会服务机构和服务网络为有需要的人提供的援助性服务。

社区照顾是"在社区内的照顾"和"由社区来照顾"两个方面的结合。由于社区照顾能更好地利用社区资源，将人与人之间的相互关怀和帮助推广到整个社区，因此，"在社区内接受照顾"的意义就变得突出起来。同时，通过社区照顾，让有特殊困难而需要帮助的人及其家庭得到不同程度、不同形式的援助和支持，能够保证被帮助人员享有健康的生活方式和正常的生活水平，促进家庭的某些功能社会化，从而有助于加强社会整合并减轻家庭负担，这也是"由社区负责照顾"的应有之义。

当前，北京市的社区养老服务以社区照料中心、社区养老服务驿站、农村邻里互助服务点等为服务供给主体。北京市政府信息公开网显示，到2025年底，北京市将建成不少于280家街道（乡/镇）养老照料中心、不少于1200家社区养老服务驿站，并持续提升使用效率。农村地区，建成不少于1000个农村邻里互助养老服务点。

（2）什么是社区养老的 CCRC 模式？

CCRC 是源于美国持续照护退休社区的概念，主要指的是持续照护社区，将家庭和社区的生活照料服务与机构化专业护理服务相结合，提供连续性、综合性养老服务的一种新型混合社区。这种模式强调居住者是多种年龄层次的混合，包括不同家庭构成、不同身体状况的老人与常态家庭人口混合居住，以保持社区人群的多样性。在服务功能上，强调通过完善的设施和服务，实现居家、社区、机构综合一体化的持续性照护功能，是居家养老、社区服务、机构养老共同作用、相互补充、服务一体化的复合型社区。

53. 北京市社区养老服务的发展情况如何？

社区养老服务驿站是充分利用社区资源，就近为有需求的居家老年人提供生活照料、陪伴护理、心理支持、社会交流等服务，由法人或具有法人资质的专业团队运营的为老服务机构。社区养老服务驿站是政府为社区老年人提供基本养老服务的重要载体和主要途径，是社区老年人家门口的"服务管家"。

（1）社区养老服务驿站是如何管理的？

社区养老服务驿站主要指的是经北京市业务主管部门备案公告的城市社区养老服务驿站和农村幸福晚年驿站。城乡接合部地区建设的驿站，一般视同社区养老服务驿站；区级业务主管部门认为确有必要，可认定为农村幸福晚年驿站。目前，北京市社区养老服务驿站运营方式主要有连锁运营、单体运营、联盟运营和PPP运营等四种方式，政策鼓励各区探索实施其他运营模式。

2013年，北京市提出利用三年时间，在全市329个街道（乡/镇）建设208个养老照料中心的创举，为社区居家养老服务的具体落实提供可操作性平台。2017年4月，为实现社区养老服务驿站的科学合理布局，北京市民政局、北京市老龄办联合制订了《北京市社区养老服务驿站建设规划（2016—2020年）》，明确提出，到2020年全市计划建设社区养老服务驿站总数1000个，其中城市社区建设542个，农村地区建设458个，并提出了对应的保障措施，明确了不同主体在建设和运营中的职责。

（2）社区养老服务驿站具有哪些功能？

北京市社区养老服务驿站主要提供以下六大基本服务：

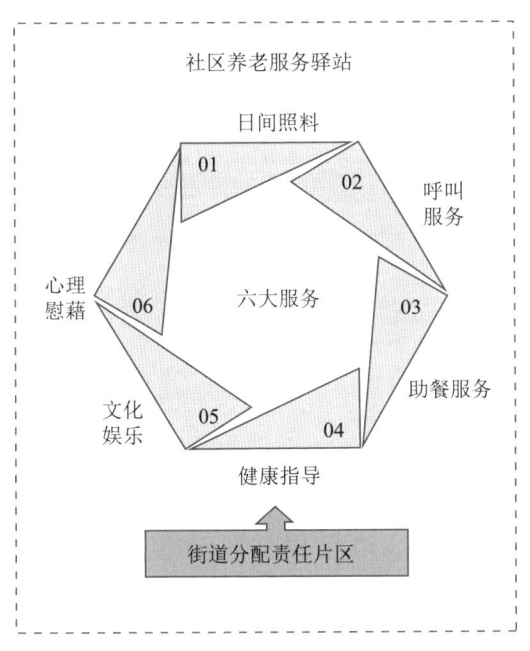

图 4-4　北京市社区养老服务驿站六大基本服务内容

2021 年《北京市社区养老服务驿站管理办法（试行）》规定，社区养老服务驿站在完成六项基本服务功能的基础上，可以拓展市场化的养老服务，满足社会上普通老年群体个性化、市场化的养老服务需求。同时，鼓励通过政府购买方式委托驿站为基本养老服务对象提供日间照料、康复护理、应急援助、巡视探访等服务。

54. 北京市机构养老服务的发展状况如何？

机构养老主要是指为老年人提供饮食起居、清洁卫生、生活护理、健康管理和文体娱乐活动等综合性服务的机构，是集中照料的主要服务场所和社会养老服务模式。养老机构可以是独立的法人机构，也可以是附属于医疗机构、企事业单位、社会团体或组织、综合性社会福利机构的一个部门或者分支机构。养老机构的类型主要有敬老院、福利院（社会福利院、老年社会福利院等）、养老院、老年公寓、护老院、护养院、护理院等多种类型。

（1）北京市都有哪些类型的养老机构？

近年来，北京市全面放开养老服务市场，推进公办民营改革。2012—2021 年十年间，全市建成运营的养老机构数量从 400 家增长至 570 多家，运营养老床位数从 7.6 万张增长至 11.2 万张，新增养老床位 3.6 万张，70% 以上养老床位由社会力量建设或运营。截至 2022 年底，北京市登记在案的养老机构共 567 家，其中，社会办养老机构占比 63%，拥有床位数约 7.8 万张；政府办公建民营养老机构占比 27%，拥有床位数约 2.2 万张；政府公办公营养老机构占比 10%，拥有床位数约 1 万张。

养老机构收住的老年人以重度失能失智老年人为主，根据收住老人已完成综合能力评估的情况，截止到 2022 年 4 月平台统计数据，北京市养老机构收住失能失智老年人 30526 人，占全部收住老年人数约 80%，其中重度失能老人占比超过 50%，重度失智老人占比近 20%。同时，北京市养老机构收住基本养老服务对象达到 1.01 万余人，占到 78.4% 的比例。

（2）入住养老机构可以享受哪些政策补贴？

60 周岁及以上京籍老年人，可享受困难老年人养老服务补贴、失能老年人护理补贴。80 周岁及以上京籍老年人可以享受高龄老年人津贴。

此外,北京市困境家庭还可以享受"养老院补助"。根据《北京市困境家庭服务对象入住养老机构补助实施办法》,服务对象本人或其代理人作为申请人,可以向户籍所在地街道办事处或乡镇人民政府受理窗口提出入住福利机构申请。具体资质及补助标准如下表:

表4-1 北京市老年人入住养老机构补贴标准

补助对象	补助标准
城乡特困服务对象	每人每月2000元
低保家庭服务对象	每人每月3600元
低收入家庭和计划生育特殊家庭服务对象	每人每月2800元
其他重度残疾人	每人每月1200元

(3) 如何对养老机构进行监督和管理?

自2018年以来,北京市连续出台各项政策,从完善运营管理、加强监督管理、构建信用管理、规范能力评估、推动标准化建设、推动星级评定、推动行业诚信建设等方面加强对养老机构的监督和管理。同时,借助信息化、智能化、平台化等多种工具,加强养老机构信息系统建设,并对接北京市社会福利信息管理平台,充分运用"互联网+"等多种技术和方式,为养老机构的服务管理及监督提供技术支撑、数据支撑和决策支撑。

此外,北京市于2019年制定了地方标准《养老机构服务质量星级划分与评定》。截至2021年12月31日,北京市共有星级养老机构458家,其中二星级数量达309家,占比67%。北京市共有星级社区养老服务驿站101家,其中三星级4家,二星级36家,一星级61家。北京市民政局将定期发布和更新养老服务机构服务质量星级名单，接受社会的监督。

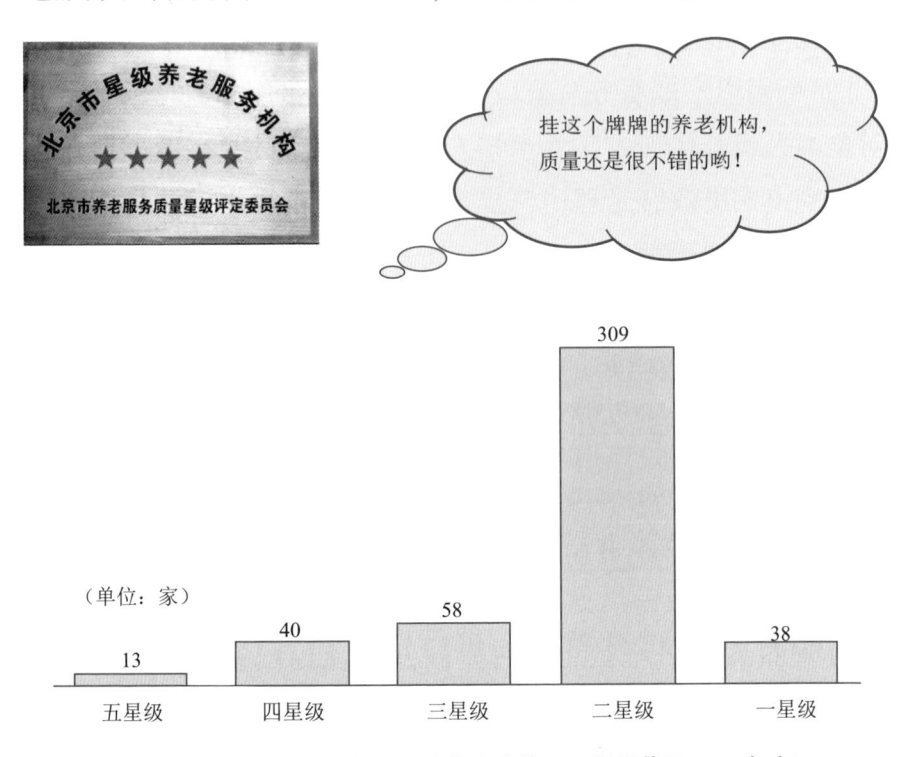

挂这个牌牌的养老机构，质量还是很不错的哟！

图 4-5 北京市养老机构星级结构分布情况（数据截至 2021 年底）

星级分布（单位：家）：五星级 13，四星级 40，三星级 58，二星级 309，一星级 38

55. 北京市老年人入住养老机构应如何开展评估？

老年人入住养老机构必须经过健康评估，其目的在于：一是将评估结果作为老年人现有状况的说明；二是提供老年人健康管理的主要内容和要求，作为入院、转介、出院以及制订老人照顾计划的依据；三是提供老年人生活照料服务和医疗护理服务定性和定量的依据；四是对老年人照顾服务中意外风险的概率做出判断，作为采取规避风险措施的依据。

(1) 老年人健康评估包括哪几种类型?

健康评估遵循规定的程序和规范,通常由具有认定资质的从业人员来完成,评估结果必须由评估员签字确认,并且使用的是医学、护理学和养老服务行业的专业术语。老年人入住养老机构后,一般需要进行以下几类评估:

入院评估。入院评估要事先向老年人和送养人解释评估的目的和要求,并取得老年人合作。评估可以分阶段、分次进行,也可由不同评估员完成。全面的评估需要在规定的时间内完成,所有健康资料由完成评估的评估员确认,并建立健康档案。入院评估一般是由院长和医务室共同评估。

例行评估。主要是对在院老年人进行评估,回顾和总结老年人目前面临的主要健康问题,评估结束后在健康档案中做阶段小结。例行评估每年应不少于一次。例行评估一般由医务室负责。

即时评估。当老年人健康出现重大变化或危急状况时进行的评估。评估时应首先回顾老年人既往健康情况、目前出现的健康问题和严重程度并说明已采取的处理措施和下一步照顾计划,如请医生会诊应在健康档案中同时记录会诊情况。即时评估一般是由医务室负责,必要时可以请合作医院的医生共同评估。

(2) 老年人健康评估包括哪些内容?

入住老年人基本资料。主要包括姓名、居民身份证号、性别、出生日期、文化程度和婚姻状况等个人基本信息,还应包括经济来源、居住情况、主要照顾者等社会信息。

健康史。包括现病史和既往病史、家族疾病史、外伤史、药物过敏史、目前接受的治疗护理方案等信息，还应包括饮食要求、营养和皮肤等需要特别注明的健康问题的信息。

功能活动。包括言语、视力、听力等沟通能力的信息，还应包括完成进食、个人卫生等日常功能活动的信息，应注明眼镜、助听器、拐杖等辅助器具的使用情况。

其他专门项目的评估。主要是针对褥疮、跌倒意外、自杀等需要特别注意的健康问题进行专门评估。

（3）老年人能力评估包括哪些内容？

2022年北京市发布《北京市老年人能力评估实施办法（试行）》，要求全市按照统一评估标准，为主动提出评估申请的老年人对其失能程度、照护需求等进行评估，确定评估等级。重点对象是因疾病、残疾、衰弱等原因不能自理，以及持有明确医学诊断证明且已经过六个月（含）以上治疗仍不能生活自理的人员。

评估内容主要包括能力评估和照护需求评估。能力评估从老年人自理和活动能力、认知能力与精神状态、感知觉与沟通能力三个维度进行。照护需求评估从自理和活动能力、认知能力与精神状态、感知觉与沟通能力、社会参与和支持、特殊照护、居住环境与辅助器具设施等六个维度进行。

各区民政局依据评估结论为辖区失能老年人发放护理补贴、安排居家养老照护服务、轮候入住公办养老机构、配置康复辅助器具、提供康复护理服务，为养老服务机构发放运营补贴、实施政府购买服务项目。

56. 北京市如何发展老年人的助餐服务？

为解决老年人吃饭不便问题，北京市发布了《关于提升北京市养老助餐服务管理水平的实施意见》，从扩大服务供给、优化老年餐获取途径和方式、完善养老助餐服务规范、加大养老助餐服务资金支持、加强养老助餐服务监管等方面提出了明确的要求。

目前有哪些场所提供助餐服务？ 一是各区域内的社会餐饮服务企业可以参与到养老助餐服务中；二是机关企事业社会单位的内部食堂可以挂牌发展养老助餐点；三是社区养老服务驿站、街道（乡/镇）养老照料中心、老年餐桌及其他养老服务机构发挥自身资源为周边固定老年人提供助餐服务。

养老助餐点规划与布局应充分考虑老年人口规模及分布状况、用餐服务需求、服务半径、养老服务机构分布等因素。城市社区，原则上每个养老助餐点服务半径不超过1000米，服务老年人口不低于2000人，旨在确保老年人在一刻钟服务圈之内可以获取便捷、优质的助餐服务。

老年餐有哪些获取途径与方式？ 当前重点探索集中供餐、数字化助餐、社会化助餐等服务模式，不断创新老年餐供给模式和获取方式。一是老年人可以到店就餐；二是代客下单；三是依托社会化平台进行线上订餐、团餐预订或者外卖点餐；四是对于行动不便、家中无人到助餐点取餐的基本养老服务对象家庭，经街道办事处（乡/镇人民政府）评估后成为驿站代为取餐的服务对象，可由驿站通过工作人员或者志愿者提供上门送餐服务。

（1）线下点餐方式中，老年人及代理人可以到养老助餐点自己订餐或由养老助餐点工作人员代为点餐，助餐点通过刷养老助残卡（民生卡一卡通）、输入老年人手机号码或身份证号码等方式实现迅速点餐。

（2）线上订餐方式中，采取团餐预订的，老年人及代理人委托养老助餐点在社会化平台统一订餐，老年餐集中配送中心在约定时间内将老年餐配送至指定的养老助餐点，由养老助餐点签收后通知老年人取餐。采取外卖点餐的，老年人及代理人通过社会化平台手机 App 直接订餐，养老助餐点通过社会化平台将餐品直接配送到老年人家中。

老年助餐服务享受哪些补贴？北京市全面实施基本养老服务对象就餐补贴制度，对居家养老基本养老服务对象在养老助餐点获取午餐或晚餐的，每人每天给予 5 元就餐补贴。就餐补贴在老年人给付就餐费用时自动扣减，扣减额度由养老助餐点先行垫付。就餐补贴扣减与老年人支付消费绑定，在就餐消费额度超过就餐补贴标准时方可享受。经常居住地所在的区负责统筹解决人户分离老年人的助餐补贴。

同时，北京市探索建立养老助餐点运营补贴制度，对助餐点按实际助餐人数给予每人每天 3 元的运营补贴，补贴标准根据经济、物价、养老助餐服务业发展等情况，适时评估并调整。

57. 北京市"养老服务顾问"主要发挥什么作用？

根据新修订的《北京市社区养老服务驿站运营扶持办法》，"养老服务顾问"是当前北京市驿站承接的四项基本养老服务内容之一，主要提供养老服务政策咨询、代缴咨询、供需对接服务，实现基本养老服务对象服务困难和需求及时响应。部分地区如西城区创设了"养老服务顾问"专业岗位，为老年人及家庭提供养老方式、政策法规、康复辅具等咨询和指导服务，以及转介养老服务资源服务。

经过专业和系统培训的养老顾问，可以结合老年人的实际情况提供更加精准的个性化养老服务，通过为老年人提供更多咨询服务，打破养老服务资源的"信息壁垒"。同时，借助于"时间银行"机制与养老顾问服务机制的结合，将老年人在养老过程中的困惑和需求在社区层面得以化解，一定程度上减轻相关政府部门和养老机构的服务压力。

58. 什么是智慧养老服务？

智慧养老主要指的是利用互联网、物联网、大数据、云计算等信息技术，整合老年群体、政府机关、服务机构等参与主体资源，为老年人提供综合性和全方位养老服务的养老服务方式。

当前，智慧养老服务主要通过智慧产品如可穿戴设备、传感器、手机 App 等作为信息收集的终端，利用智慧养老服务平台，将线下本地化服务与线上的智慧服务进行融合，为不同类型的老年人提供针对性和个性化的综合性服务方案，从而实现服务供需的精准对接以及运营管理的高效。

(1) 智慧养老的产品和服务有哪些？

我国现有智慧健康养老产品主要有五类，包括健康管理类可穿戴设备、便携式健康监测设备、自助式健康检测设备、智能养老监护设备、家庭服务机器人等。

表 4-2 智慧养老产品类别及主要产品

产品类别	主要产品
健康管理类可穿戴设备类	防走失手环、智能腕表、服饰内置类设备等
便携式健康监测设备类	智能心电监测设备、智能血压计、电子血压计、智能血糖仪、血氧仪、智能体温计、红外线体温计、智能体重/体脂秤、基层诊疗随访设备、多参数健康监测设备、生命体征监测仪、健康一体机等
自助式健康检测设备类	智能听诊器、社区自助体验设备、健康空间站、智能诊室等
智能养老监护设备类	智能健康筛查设备、智能床、生命体征监测系统、无线单体门磁传感器、人体行为异常监测设备、智能康复设备、智能养老护理床、电动护理床、智能床垫、紧急呼叫器、智能小夜灯、人体红外感应器、智能环境监测设备、烟感报警器等
家庭服务机器人	护理机器人、陪伴机器人、智能排泄护理机等

紧急呼叫器 智能小夜灯 人体红外感应器 智能灯感应器 数据网关

按SOS按钮，网关会发出"嘀嘀嘀"声 ｜ 夜间可检测人体活动，感应灯自动亮起 ｜ 感测用户居家活动 ｜ 记录用户在家的开关灯信息 ｜ 连接智能终端产品的数据接入模块

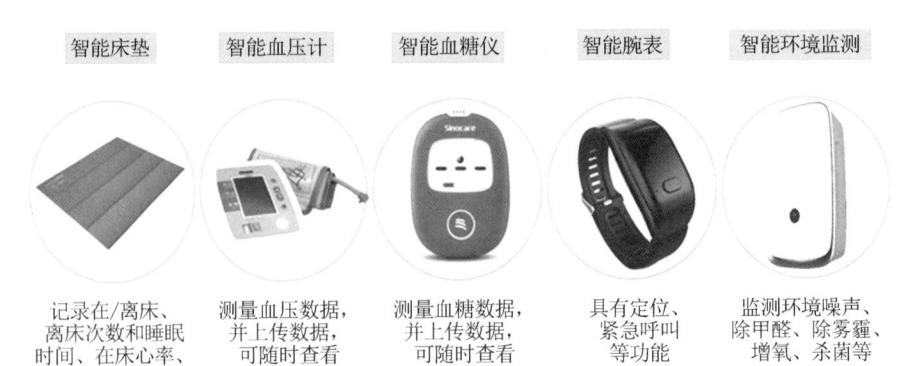

智能床垫 智能血压计 智能血糖仪 智能腕表 智能环境监测

记录在/离床、离床次数和睡眠时间、在床心率、在床呼吸等指标 ｜ 测量血压数据，并上传数据，可随时查看 ｜ 测量血糖数据，并上传数据，可随时查看 ｜ 具有定位、紧急呼叫等功能 ｜ 监测环境噪声、除甲醛、除雾霾、增氧、杀菌等

图 4-6 常用智慧养老服务产品

我国现有智慧健康养老服务主要有六大类，包括慢性病管理、居家健康养老管理、个性化健康管理、互联网健康咨询、生活照护、养老机构信息化等。当前北京市的智慧养老服务范围不断扩大，重点涉及健康管理、医疗监测、生活照护、安全防护、精神慰藉等多个领域。同时，智慧健康养老产业不断与新一代信息技术深度融合，不断生成医养结合、远程康护、智慧养老、互助式养老等新领域、新业态。

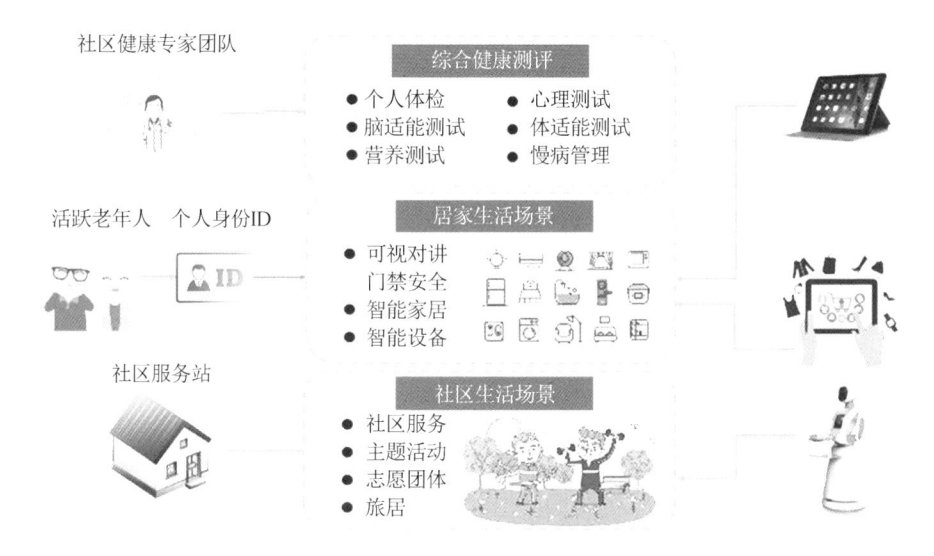

图 4-7　常见智慧养老服务内容及其场景

(2) 智慧养老的主要模式有哪些？

当前我国智慧养老的模式主要有：智慧居家养老模式、智慧社区养老模式、智慧机构养老模式、智慧虚拟养老模式。

智慧居家养老服务。主要聚焦重度失能失智老年人的专业化照护及护理的刚性需求，通过对老年人及其家庭配置适宜的智能化产品，实现老年人健康状况、活动行为、风险及安全智能监测,通过数据分析及其风险预警机制,实现对老年人健康及安全风险的全天候响应、全方位服务以及全链条管理。

智慧社区养老服务。民政部自2013年就发布《关于推进社区公共服务综合信息平台建设的指导意见》,要求将互联网、物联网、移动通信技术与公共服务平台相融合,将养老服务、医疗健康服务体系进行整合,从而推进社区层面养老服务的便捷化和智能化。智慧社区养老的核心在于利用信息技术,围绕日常起居、安全保障、医疗卫生等各个方面协助老年人的生活服务和管理,对涉老信息进行自动监测、预警、通知或主动处置(左美云,2014)。智慧社区养老的服务内容包含了比传统的社区养老更加多元化、更加人性化的组合。

智慧机构养老服务。通常是通过建立养老机构的信息化管理服务系统,将养老机构的业务、信息、运维等进行数字化、智能化升级,使得智慧养老服务技术在养老机构中得到不同程度的应用。同时,通过养老机构的智慧管理平台,以机构养老服务为中心,把服务延伸到居家,从而扩展了机构养老的业务范围。

虚拟养老院。也叫无围城的养老院,作为智慧养老理念下的实践形式之一,整合家政服务、配餐、医疗保健等社会资源,在政府部门主导下建立信息化、专业化养老服务平台,通过电话呼叫、网络呼叫等方式,老年人可在自己家里享受着同入住养老院一样专业的服务。就当前开展的实践而言,"虚拟养老院"系统一般包含用户管理、服务机构管理、服务运营管理和报表四个子系统,其基本特征是以网络通信平台和服务系统为支撑,采用政府引导及提供财政补助、企业运作、专业人员服务与社会志愿者服务相结合的方式,通过服务网点,为区域内老年人提供各类养老服务,实现对老年人养老需求的快速响应、专业服务和过程监督。

第 5 章
北京市老年健康服务体系

59. 老年人面临的健康问题有哪些特点？

衰老是一个生理过程，进入老年期后，机体会发生一系列增龄性改变，各脏器功能下降，同时老年人容易患多种疾病，给老年人的身心带来影响。了解老年人健康问题的特点有利于老年人正确认识、积极预防、科学应对身体健康问题。

器官功能发生增龄性改变。随着年龄增长，人体组织器官会发生明显变化，各脏器储备功能下降，使机体更容易罹患各种疾病，但这种衰老带来的改变和衰老相伴随疾病的发病机制是不同的。比如心血管系统老化表现为心肌纤维化，内皮功能损伤，左心室肥厚，血管管壁僵硬度增加、弹性降低等。呼吸系统老化使得老年人的气体交换功能下降，咳嗽反射力量减弱，排痰能力减弱。神经系统退行性改变使得老年人动作缓慢、平衡能力差、容易跌倒、记忆力下降、脑功能下降等。免疫系统衰老可导致老年人的免疫应答能力下降、感染性疾病发生率和死亡率增高。

各种慢性疾病高发。老年人是高血压、冠心病、糖尿病、脑卒中、慢性阻塞性肺病、骨质疏松、恶性肿瘤等慢性疾病的高发人群。慢病是导致老年人功能丧失、致死致残的主要原因，给个人、家庭、社会均带来沉重负担。

多病共存现象突出。多病共存是指一个个体同时患有两种或两种以上慢性疾病或老年综合征的现象。多病共存现象在老年人群中尤为突出，北京市一项社区调查研究显示，患有三种及三种以上慢病的共病老年人为62.1%。共病会显著增加老年人不良结局的发生，包括生活质量下降、医疗决策变得复杂和困难，临床治疗效果不佳，医疗资源消耗增加。

老年人的社会心理特征发生变化。步入老年阶段不仅身体机能、功能状态出现衰退，老年人的精神心理、情绪认知也发生改变。老年人的社会环境适应能力减弱，对于情绪、情感的体验更为敏感，情感表达方式更为内敛，会出现孤独、失落、焦虑、抑郁等情绪。老年人的味觉、触觉、温觉、痛觉等感知觉减退；记忆力下降，逻辑推理能力和问题解决能力均减退，思维的敏捷性、流畅性、灵活性、独特性以及创造性都不及中青年时期。

老年综合征或老年问题多见。老年人常见跌倒、谵妄、衰弱、视力受损、听力受损、睡眠障碍等老年综合征及老年问题。这些老年综合征可与慢性疾病叠加，严重影响老年人生活质量。

60. 什么是老年综合征？

高血压、冠心病、糖尿病等常见慢性疾病已经为大多数老年人所知晓，然而，还有一大类问题威胁老年人健康、影响老年人生活，却被大家忽视，这就是老年综合征。

什么是老年综合征？ 老年综合征不是特指某一种疾病，而是指老年人由于多种疾病或多种原因导致的同一种临床表现或临床症状、问题的症候群。老年综合征是增龄、器官功能衰退、躯体疾病、社会、心理各种因素及各种应激损伤累积的结果。老年综合征是现代老年医学中重要的概念，然而，其所包含的种类国际上仍未完全统一。大多数老年医学专家比较认同的老年综合征包括跌倒、尿失禁、痴呆、谵妄、听力受损、视力受损、肌少症、营养不良、衰弱、疼痛、睡眠障碍、多重用药、压疮等。

老年综合征常见吗？ 老年综合征在老年人群中有较高的发生率，来自一项北京农村地区的调查研究显示51.3%的老年人患有不同种类的老年综合征，其中患病率最高的为慢性疼痛，高达23.9%。另一项北京市社区的调查研究显示97.2%的老年人患有至少一种老年综合征，最常见的前三种老年综合征分别为视力障碍、营养不良或营养不良风险以及听力障碍。

老年综合征有哪些危害？ 老年综合征会损害老年人的生活能力，显著降低老年人的生活质量，导致失能增加，增加照护负担，缩短老年人的预期寿命。由于老年人共病现象突出，一位老人可能患有多种慢性疾病及不同的老年综合征，老年综合征之间、老年综合征与慢病之间相互促进，使得老人的临床问题复杂，临床决策矛盾重重，疗效不佳，结局不良。

如何应对老年综合征？识别和发现老年综合征，采用有效的预防、干预措施可以减少老年综合征的发生，降低老年综合征带来的危害。老年综合评估是筛查老年综合征的主要手段，老年医学多学科整合团队诊疗模式是管理老年综合征的重要方式，对老年患者进行全面评估，早期识别老年综合征，及时综合管理，个体化干预，降低老年综合征的不良影响，最大程度维护老年人功能，提高老年人生活质量。

61. 老年科医师的"秘密武器"是什么？

老年人常有多种疾病及多个健康问题，传统的单科诊疗模式不能满足老年人的诊疗需求。老年综合评估技术就是老年科医师解决老年人这些问题的秘密武器。

什么是老年综合评估？老年综合评估是现代老年医学的核心技术之一，它是采用多学科方法对老年人的躯体情况、功能状态、心理健康和社会环境状况等进行全面评估，并进一步制订干预计划，以维持和改善老年人健康及功能状态为目标，最大限度提高老年人的生活质量。

老年综合评估包括哪些内容？老年综合评估的内容一般包括五大方面：全面医学评估，内容包括疾病病史的采集、体格检查、化验影像等辅助检查以及用药核查；躯体功能评估，包括日常生活能力、跌倒风险、平衡功能及步态、视听功能评估等；精神心理状况评估，内容包括认知功能、抑郁与焦虑情绪、老年谵妄评估等；常见老年综合征筛查，包括尿失禁、营养状况评估、慢性疼痛、睡眠障碍、便秘等；社会经济和居家环境评估，包括经济和社会支持系统评价、居家环境评估。

图 5-1 老年综合评估五大方面内容

哪些老年人应该进行老年综合评估？那些有多种疾病的老人；可能有老年综合征或老年问题的老人；因为急性疾病而出现功能下降的老人；反复住院的老人；年龄大于 80 岁，需要全面了解潜在健康问题的老人应该接受老年综合评估。

老年综合评估如何实施？老年综合评估通常由接受过正规培训的老年科医师和护士进行，评估工具以一系列评估量表为主。根据诊疗地点不同、评估目的不同，老年综合评估选用的评估工具及评估内容可有所侧重。老年综合评估不只是一个筛查评估过程，而是由"筛查评估—制订方案—干预管理—随访监测"环节构成的连续过程。因此，老年综合评估的实施一般由多学科团队参与进行，多学科团队成员包括：老年科医师、老年科护士、康复医师、康复技师、营养师、临床药师、精神心理医师等，有时也需要某些专科医师共同参与。

62. 健康老年人需要达到哪些标准？

《北京市老龄事业发展报告（2021）》发布北京市平均期望

寿命为82.47岁，老年时期是人生的一个重要阶段，我们不仅期望寿命延长，更期望拥有健康、幸福、快乐、有质量的老年生活。

何为健康老年人？国家卫生健康委在2022年9月发布了《中国健康老年人标准》，将健康老年人定义为：60周岁及以上生活自理或基本自理的老年人，躯体、心理、社会三方面都趋于相互协调与和谐状态。

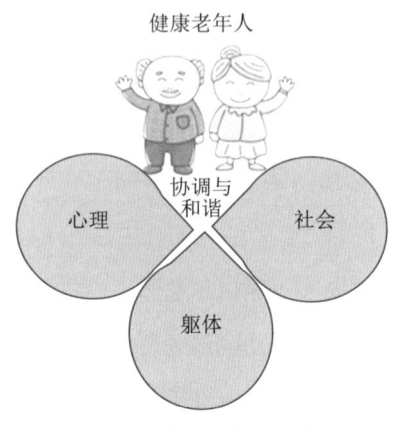

图5-2 健康老年人示意图

中国健康老年人的标准有哪些？中国健康老年人标准有九条，分别是：生活自理或基本自理；重要脏器的增龄性改变未导致明显的功能异常；影响健康的危险因素控制在与其年龄相适应的范围内；营养状况良好；认知功能基本正常；乐观积极，自我满意；具有一定的健康素养，保持良好生活方式；积极参与家庭和社会活动；社会适应能力良好。

怎样理解健康老年人的"健康"二字？健康老年人的"健康"并不是指没有躯体疾病的狭义健康概念，而是一种将躯体、心理、社会交往适应能力均纳入考量的总体和谐状态。例如，随着年龄增长，心、脑、肾等重要脏器会出现增龄性改变，但只要没有引起明显的功能异常，即可认为健康。老年人常有多种慢性疾病，但只要指标能控制在与年龄相适应的范围，就符合健康或基本健康的要求。悲观消极的状态、焦虑抑郁的情绪，这些心理问题会影响到老年人的身体机能、导致抵抗力下降、延长住院时间、影响生活质量，会与躯体疾病形成恶性循环，因此良好的心理状态是保证老年人和谐平衡状态的重要方面。良好的健康素养对疾病的预防、慢病的控制均有重要作用。良好的社会适应能力，积极参与家庭和社会的活动，有助于保持老人积极乐观的心态、保持社会参与度。将身体、心理和社交能力均纳入健康老年人考量标准，更符合实际情况，具有现实意义，是健康老龄化的体现。

63. 老年人如何提高健康素养？

我们每个人都是自己健康的第一责任人，老年人也不例外，养成良好的卫生习惯、健康的生活方式，能够维护和促进自身健康。良好的健康素养对整个老年期的健康维护和健康促进起到重要作用。

什么是健康素养？健康素养是个人获取和理解基本健康信息与服务，运用这些信息和服务做出正确决策，进而维护和促进自身健康的能力。居民健康素养依据《中国公民健康素养——基本知识与技能（试行）》，包括基本健康知识和理念、健康生活方式与行为和基本技能素养三方面。以公共卫生问题为导向，健康素养包括科学健康观素养、传染病防治素养、慢性病防治素养、安全与急救素养、基本医疗素养和健康信息素养六大类健康问题素养。

北京市老年人健康素养水平如何？"十三五"期间北京市不断推动健康教育和健康促进工作，北京市居民健康素养水平达到32.3%，远高于全国城乡居民健康素养水平。然而，北京市老年人的健康素养水平仍较低，调查显示60—69岁年龄组健康素养水平只有14.1%。

北京市在提升老年人健康素养方面有哪些举措？北京市人民政府、卫生健康委出台的系列重要文件中均指出要加强老年人健康教育，提升老年人健康素养。2021年12月，北京市人民政府印发《"十四五"时期健康北京建设规划》提出完善全民健康教育体系，健全健康教育工作网络。《"健康北京2030"规划纲要》将开展全民健康促进运动作为重点任务之一；《北京市"十四五"时期老龄事业发展规划》《关于加强新时代首都老龄工作的实施意见》提出加强老年人健康教育与预防保健。

北京市积极落实，统筹推进加强老年人健康教育工作，在城乡社区加强老年健康知识宣传和教育，利用多种方式和媒体媒介，面向老年人及其照护者广泛传播科普知识。组织实施老年人健康素养促进项目，有针对性地加强健康教育，提升老年人健康素养。充分利用老年健康宣传周、敬老月、重阳节等契机，积极宣传老年健康科学知识和老年健康服务政策。将老年健康教育融入临床诊疗工作，并鼓励将其纳入医疗机构绩效考核，推进健康教育工作开展。建立并不断壮大市级科普专家团队。

提高健康素养，老年人自身和家人需要怎么做？老年人要提升对自身健康负责的意识，要树立科学的健康观，要培养主动获取健康信息、主动寻求健康服务的意识，要培养获取正确健康信息的能力，要加强健康知识储备、遵听医护专业指导。鼓励家庭成员积极参与老年人的健康教育，丰富家人及照护人员的老年健康知识，帮助老年人提升健康素养。

64. 老年人保持健康的"内驱力"是什么？

生活自理、慢病控制良好、乐观积极，经常参与家庭和社会活动，这些是健康老人外在功能良好的体现，那么使老年人保持健康状态的"内驱力"就是良好的内在能力。

什么是内在能力？内在能力是 WHO 为进一步促进健康老龄化发展而提出的概念，它是指老年人在任何时候都能够使用的全部体力和脑力的总和。老年人在衰老过程中，需要实现其内在能力和功能发挥的优化，内在能力是功能发挥的基础，将老年人功能发挥最大化是实现健康老龄化的关键。内在能力下降，老年人出现衰弱、失能、照护依赖以及死亡等不良结局的风险明显增加。

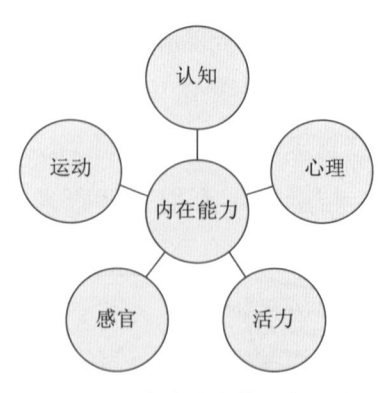

图 5-3 内在能力的五大维度

内在能力包括哪些方面？ 内在能力包括认知、运动、心理、感官（视力、听力）和活力五个维度，五个维度相互作用、相互影响。

认知，个体在衰老过程中认知功能的变化差异性比较大，认知功能下降的老人发生失能、住院、死亡等不良事件的风险增加。运动，反映老年人的躯体活动能力，老年人躯体功能与健康状态密切相关。心理，即从事心理活动所需要的能力。抑郁是老年人最常见心理问题，其既是老年人功能下降的独立危险因素，又可与其他因素相协同发挥作用。感官，包括视力和听力，听力和视力障碍在老年人群中发生比例高，其可以造成老年人社会隔离和自主性丧失，影响老年人的生活质量。活力，是指有助于个体内在能力的生理因素，这些因素可能包括能量平衡和新陈代谢，其中营养不良是导致老年人活力下降的一个关键原因。

如何评价内在能力？ WHO 推荐使用老年人整合照护（ICOPE）筛查工具对社区衰弱老年人内在能力进行筛查，ICOPE 筛查工具共有九个筛查问题，涵盖内在能力的五个维度，包括起坐试验、体质下降、食欲减退、定向力障碍、回忆力障碍、情绪低落、兴趣减低和视力听力受损。筛查阳性者进一步进行详细评估，并给予个体化干预。

内在能力水平决定了老年人能否在功能上实现健康老龄化生活。对个体内在能力变化轨迹进行动态监测，可以将老化过程的视窗前移，在内在能力显著下降之前采取有效的干预措施，有效保障老年人内在能力维持较高水平，预防或延迟老年人生活能力下降。

老年人如何维护内在能力？老年人保持好的内在能力，可以在日常注意保持良好饮食习惯，饮食做到荤素搭配、粗细搭配、干稀搭配，以获得全面营养；适当进行体能训练，进行多种形式结合的锻炼，包括抗阻训练和其他方面的运动，如平衡、灵活性和有氧锻炼，改善骨骼肌肉功能；注意检查生活环境安全隐患、穿防滑平底鞋等，避免发生跌倒；通过佩戴矫正眼镜和助听器，施行白内障手术，进行适老环境改造等维持感官能力；适当进行益智类的活动，如棋牌、麻将等，发现认知或情绪异常、脑力衰退等现象应及时进行干预，注意保护心理健康。

65. 老年人需要了解哪些预防性免疫接种知识？

随着年龄的增长，老年人的各组织器官生理代谢功能和免疫机能逐渐衰减，且常同时存在心脑血管疾病、呼吸系统疾病、糖尿病、肾脏疾病等慢性疾病，罹患感染性疾病的风险显著增加。而老年人一旦发生感染，病情往往比较严重，严重影响老年人生命质量，增加死亡风险。因此，老年人群是免疫保护的重点人群。科学接种疫苗有利于预防感染性疾病、减缓老年人慢性病进展，降低慢性病并发症导致不良结局的风险。

老年人相关的疫苗主要有哪些？感染性疾病覆盖疾病谱较广，在老年人群中发病率高、病死率高，严重影响老年人生命质量并引发沉重的经济负担，其中流感、肺炎链球菌性疾病、带状疱疹是老年人常见感染性疾病，发病率高、疾病负担较重，同时，流感疫苗、肺炎链球菌疫苗和带状疱疹疫苗相关研究和指南推荐较为成熟。因此，目前北京市老年人需要关注的疫苗除新冠病毒疫苗外，主要是流感疫苗、肺炎链球菌疫苗和带状疱疹疫苗。

哪些老年人建议接种流感疫苗？根据《老年人流感和肺炎链球菌疫苗接种中国专家建议》，建议60岁及以上老年人每年流感流行季节前接种一剂流感疫苗。由于流感病毒容易发生变异，流感疫苗需每年接种才能获得较好的保护作用。

哪些老年人建议接种肺炎疫苗？根据《老年人流感和肺炎链球菌疫苗接种中国专家建议》，建议60岁及以上老年人接种23价肺炎链球菌疫苗，基础接种为一剂。如果存在严重肺炎链球菌高危因素且首次接种已超过五年者，建议再接种一次。对五年内未接种疫苗的65岁及以上老年人，可再接种一次。

哪些老年人建议接种带状疱疹疫苗？老年人群是带状疱疹的高发人群，带状疱疹后神经痛是其主要并发症，带状疱疹及其并发症往往给老年患者带来巨大痛苦，也给社会带来沉重疾病负担。《带状疱疹疫苗预防接种专家共识》推荐50岁及以上且免疫功能正常的人群接种带状疱疹疫苗。由于带状疱疹存在复发的可能性，因此已经得过带状疱疹及带状疱疹后神经痛的老年人也可以接种重组带状疱疹疫苗。需要注意的是，带状疱疹疫苗并不能治疗带状疱疹或神经痛,因此不应在带状疱疹急性发作期接种。

哪些情况不建议进行预防免疫接种? 在一些特殊情况下老年人不建议进行预防免疫接种:在急性病发作期,如发烧、过敏性荨麻疹、急性肠胃炎等;慢性疾病急性发作期,如患高血压的老人近期血压不稳定、患糖尿病的老人近期血糖波动较大等;之前接种疫苗有过敏反应的老人或对疫苗中的成分过敏;存在疫苗接种禁忌证。若患有严重的慢性疾病如心肺功能严重受损,患血液系统疾病、免疫缺陷性疾病或使用免疫抑制剂等特殊情况需要在医生评估后确定是否可以进行免疫接种。

北京市老年人在哪里可以接种疫苗? 北京市 2007 年起为户籍老年人提供免费流感疫苗接种服务。从 2018 年起为 65 岁以上户籍或具有北京市社会保障卡的老年人提供肺炎链球菌疫苗免费接种服务。全市有 400 多家免疫规划门诊可以为老年人接种免费肺炎链球菌疫苗。具体的接种门诊名单,可拨打 12320 热线电话查询,或者登录北京市卫生健康委、北京市疾病预防控制中心官方网站查询,也可以通过北京市疾病预防控制中心微博、微信公众号查看。每个门诊的详细地址、联系电话、接种时间和预约方式都可以查到。

66. 居家养老的老年人需要哪些护理?

居家养老是我国主要的养老模式之一,居家老年人护理服务需求非常迫切,做好居家老年人的照护,是积极应对人口老龄化,建立全方位、全生命周期优质高效医疗服务的体现,有助于维护老年人健康，减轻家庭压力。

老年居家护理包括哪些内容？ 老年居家护理包括日常生活护理、疾病相关护理、精神心理护理、康复护理、应急护理等。日常生活护理包括个人卫生护理以及协助进食、协助排泄、如厕、协助移动、更换衣物等生活起居护理。预防跌倒、预防压疮、预防烫伤以及防范窒息等伤害事件的发生是老年居家护理特别需要注意的方面。在居家护理中还要注意维护老年人的自尊心，给予老年人充分理解以及精神心理支持。老年居家护理所涉及内容非常广泛，而居家护理的实际实施内容以及护理要求根据接受照护老人的身体状态、个人需求、家庭需求不同，以及提供照护者不同，差异很大。

老年居家护理服务模式有哪些？ 目前国内主要有社区护士提供居家护理的服务模式、以医院护士为主导的延续护理服务模式、医院—社区—家庭居家护理服务模式和"互联网+"居家护理服务模式。老年人居家护理服务的提供者可以是正式护理者，包括医院的临床护士、护士志愿者和社区护士，提供连续的系统的基本医疗护理服务；也可以是非正式护理者，如家人、亲戚、朋友、保姆等，在正式护理人员或医师指导下主要提供生活方面的照顾。

老年居家护理的目标是什么？ 老年居家护理的服务对象可以是处于不同健康状况的老人，包括因增龄导致身体机能衰退的老人，刚出院需要继续在家休养的病人，日常生活需要他人协助的老人，因疾病导致失能的老人等。老年居家护理的目标是帮助老人尽可能地在他们的能力范围内享有独立自主的生活，提升老人自我照顾及自主生活的能力，确保老人安全舒适，维护老人自尊。

北京市针对老年居家护理开展哪些工作？为切实增加老年人医疗护理服务供给，精准对接老年人多样化医疗护理服务需求，北京市卫健委2022年9月制订并印发了《北京市老年医疗护理服务试点工作方案》，其中明确要求符合条件的试点医疗机构开展居家医疗护理服务，并率先将老年护理中心建设机构纳入试点。通过"互联网+"、家庭病床、上门巡诊等方式为行动不便的老年人等提供专业的居家护理、居家慢病管理、居家康复等医疗护理服务。探索有医疗机构提供延续性医疗护理服务，为慢性病老年患者开具出院医嘱和康复指导建议时，明确其出院后常用的居家医疗护理服务项目和频次等，方便居家老年患者。

67. 北京市如何推进老年人长期照护服务？

北京市已进入中度老龄化社会，随着人口老龄化进程的进一步加快，失能、半失能的高龄老年人大幅增加，老年人照护需求增加。同时，无论年龄和内在能力水平如何，所有老年人都有权享受有尊严且有意义的生活，做好老年人长期照护是积极应对老龄化的策略之一。

什么是老年人长期照护服务？世界卫生组织将长期照护服务定义为：由家庭成员、朋友等非专业护理者和专业护理人员进行的照护系统，以保证生活不能完全自理的人能够继续享有较高的生活质量，按照其个人意愿，尽可能获得最大限度的独立、自主、参与、个人满足及人格尊严。老年人长期照护服务是指对不具备完全独立生活能力的老年人提供医疗服务、健康照护、居家照护、社会关怀及与个人需求相匹配的支持性服务，以提高其生活质量，帮助无论处于何种身体或智力水平的老年人尽可能有意义、有尊严地生活。高质量的老年长期照护有益于降低老年人的死亡风险，提高老年人的生命长度和生命质量。

北京市在长期照护服务模式上有哪些探索？我国老年长期照护服务主要有居家、社区和机构三种模式。北京市加强护理机构建设，推动居家上门护理服务。依托基层医疗卫生机构以及具备提供长期照护服务能力的养老服务机构，大力发展社区嵌入式长期照护服务。推进家庭照护床位建设，为失能失智、重度残疾老年人家庭提供支持服务。建立适合本市实际的"互联网+护理服务"发展模式。建立老年人健康和能力评估标准的衔接互认机制。

北京市有哪些长期照护保障机制？北京市积极推进多层次长期照护保障制度建设，开展兜底性长期照护服务保障行动计划工程，保障特殊困难老年人的长期照护服务需求。给重度失能或持有相应残疾证的老年人发放失能护理补贴，用于因生活自理能力缺失而产生的长期照护补贴，使得失能老人可以享受专业化、职业化、多元化的照顾服务，提高老年人的获得感、幸福感。开展长期护理保险试点工作，在海淀区和石景山区开展了长护险试点工作，其中海淀区为商业性失能护理互助保险试点，截至2021年底，海淀区失能护理互助保险试点个人参保374人，保费规模160万元；石景山区长期护理保险试点工作已覆盖超42万人，服务内容包括32项日常基本生活护理和与日常基本生活密切相关的医疗护理项目，加入长期护理保险试点的机构达到78家。北京市将加快在全市推行符合市情的长期护理保险制度，支持发展长期照护商业保险。建立失能评估、护理需求认定和护理服务等标准体系和管理办法。

68. 什么是安宁缓和医疗？

死亡是老龄化社会不可避免要面临的话题，缓和医疗以往主要是帮助那些忍受病痛的癌症患者。随着社会老龄化程度不断加深，失能失智老年人口比例增多，许多慢性疾病发展到终末期无法治愈，给老年人及家人带来极大身心痛苦，如何帮助这些老年人减轻痛苦，提高生命末期阶段的生活质量？安宁缓和医疗是帮助这些老年人的积极手段。

什么是安宁缓和医疗？ 安宁缓和医疗是通过早期识别、积极评估以及控制疼痛和其他症状，减轻生理、精神、心理的痛苦，给予生存期有限的患者（包括恶性肿瘤及非肿瘤，如晚期恶性肿瘤、慢性充血性心力衰竭晚期、慢性阻塞性肺疾病末期等）及其家人全面的综合治疗和照护，强调患者的生活质量是第一位的，实现减轻痛苦、追求临终安详与尊严的目标。安宁缓和医疗与患者接受针对病因的治疗是不冲突的，实际缓和医疗能够帮助患者更积极地面对疾病，在改善生活质量的基础上更能承受对因治疗的措施。

安宁缓和医疗等于临终关怀吗？ 安宁缓和医疗实际包含缓和医疗和安宁疗护两个医学概念。临终关怀与安宁疗护是同一个概念，是指人在最后阶段所接受的照顾，目前大家更多使用安宁疗护这一称呼。缓和医疗实际包括了安宁疗护，安宁疗护是缓和医疗的末段，两者的区别在于涵盖的阶段和照顾对象的预期生存时间不同。

安宁缓和医疗服务内容包括哪些？安宁缓和医疗服务内容主要包括症状控制、舒适照护、心理支持和人文关怀等几方面。症状控制是安宁缓和医疗服务的基础，它包括对疼痛、呼吸困难、恶心呕吐等13种重点症状进行评估并且采取相应的治疗和护理；舒适照护是对病室环境、床单位、患者口腔等16种生活场景及环节提供符合患者个性化需求的护理，同时不断评估患者在这些环节中自身的表现及体验，以便随时调整照护服务；心理支持和人文关怀是恰当应用沟通技巧与患者建立信任关系，引导患者面对和接受疾病状况，帮助患者应对情绪反应，鼓励患者和家属参与，尊重患者的意愿做出决策，让其保持乐观顺应的态度度过生命终期，从而舒适、安详、有尊严地离世。

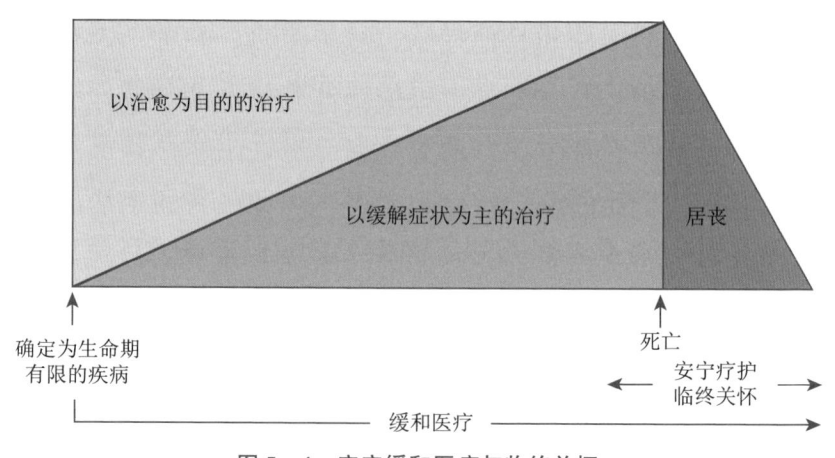

图 5-4 安宁缓和医疗与临终关怀

北京市在推动安宁缓和医疗方面做了哪些工作？北京市卫生健康委员会积极推进安宁疗护服务工作，2016年北京首批确定15家医疗机构开展安宁疗护试点，探索建立可复制、可推广、可持续的安宁疗护服务模式。2017年和2019年，北京市东城、西城、海淀、朝阳等四个区分两批纳入全国安宁疗护试点。2020 年，确定北京协和医院、北京医院两家医院为北京市安宁疗护指导中心，遴选了 9 家医疗机构为首批安宁疗护示范基地。截至 2021 年底，北京开展安宁疗护服务的医疗机构已达 95 家，安宁疗护床位较 2016 年增加了 28%。

2022 年 2 月，北京市卫生健康委员会发布《北京市加快推进安宁疗护服务发展实施方案》，明确目标是到 2025 年，安宁疗护服务相关制度、标准、规范基本完善；安宁疗护服务机构数量显著增加、服务内容更加丰富、服务质量明显提升、服务队伍更加壮大、服务资源配置更趋合理，安宁疗护服务体系基本建立；每区至少设立一所安宁疗护中心，床位不少于 50 张，为有住院治疗需求的安宁疗护患者提供整合安宁疗护服务；全市提供安宁疗护服务的床位不少于 1800 张；社区卫生服务机构能够普遍提供社区和居家安宁疗护服务，老年人安宁疗护服务需求得到基本满足。

69. 什么是生前预嘱？

"生老病死"是自然规律，随着人口老龄化程度加深，我国疾病谱发生转变，非传染性疾病即慢病成为老年人群的主要死亡原因，在自己意识清醒，并且有决策能力时表达自己在面临死亡时愿意接受怎样的医疗照护是对患者的自主选择权和生命健康权的尊重与保护，是社会进步的体现。

什么是生前预嘱？生前预嘱是指人们事先，也就是在健康或意识清楚时签署的，说明在不可治愈的伤病末期或临终时要或不要哪种医疗护理的指示文件。那么，签署了生前预嘱是不是就等于放弃治疗？并不是的。生前预嘱是当事人在清醒时，对自己在生命终末期是否接受医疗抢救和护理意愿的表达，在当事人无法清楚表达自己意愿的时候，医护人员则可以按照预先表达的意愿，即生前预嘱去执行医疗护理决策。实际上，生前预嘱的核心价值是推崇生命的选择与死亡的尊严。

生前预嘱是怎样起源和发展的？生前预嘱最早起源于美国，1976年美国加利福尼亚州首先通过了《自然死亡方案》，通过立法允许患者依照自己意愿不使用生命支持系统自然死亡。此后20年间，"生前预嘱"和"自然死亡法"在全美和加拿大得到广泛传播。英国、澳大利亚、德国、丹麦、荷兰、比利时、新加坡等国也通过了相关法律。

我国的生前预嘱现状是怎样的？2000年我国台湾地区通过了《安宁缓和医疗条例》，承认了自然死亡合法，是亚洲第一个将生前预嘱合法化的地区。近十余年来生前预嘱在大陆的推广也引发关注，2010年以来，多位政协委员在全国两会上提交了"实施生前预嘱，推进舒缓医疗落实"的相关议案。2013年6月，北京生前预嘱推广协会成立，创办了"选择与尊严"公益网站，提供了"我的五个愿望"生前预嘱文本，2022年10月生前预嘱注册迁至独立平台，公民可以登录该网站 https：//www.livingwill.org.cn，自愿填写"生前预嘱"，并随时修改或者撤销。

2022年7月，广东省深圳市表决通过了《深圳经济特区医疗条例》修订稿，在全国首次将患者"临终决定权"——生前预嘱写入地方性法规。这一次生前预嘱入法具有重要意义，它以法律的权威性保障了生前预嘱的实施。

深圳市新修订的《医疗条例》中关于"生前预嘱"的规定如下：收到患者或者其近亲属提供具备下列条件的患者生前预嘱的，医疗机构在患者不可治愈的伤病末期或者临终时实施医疗措施，应当尊重患者生前预嘱的意思表示：（1）有采取或者不采取插管、心肺复苏等创伤性抢救措施，使用或者不使用生命支持系统，进行或者不进行原发疾病的延续性治疗等的明确意思表示；（2）经公证或者有两名以上见证人在场见证，且见证人不得为参与救治患者的医疗卫生人员；（3）采用书面或者录音录像的方式，除经公证的外，采用书面方式的，应当由立预嘱人和见证人签名并注明时间；采用录音录像方式的，应当记录立预嘱人和见证人的姓名或者肖像以及时间。

图 5-5　生前预嘱注册中心网站页面

70. 北京市老年友善医疗机构建设情况如何？

聚焦老年人在看病就医方面的"急难愁盼"，北京市积极推进老年友善医疗机构创建工作，不断优化老年人就医环境，为老年人就医提供方便，加快老年友好型社会建设。

老年友善医疗机构是什么？ 老年人普遍患有一种以上慢性病，增龄伴随的认知、运动、感官功能下降以及营养、心理等健康问题日益突出，很多老年人还存在"听不清、看不清、走不动"的问题，老年人的这些特征决定了他们需要更为适老友善的医疗服务以及就医环境，让看病更有效、更方便、更轻松。

老年友善医疗机构的建设与发展是在现有医疗服务机构的基础上，基于人群特殊性而实施的综合性改造措施，其核心在于以老年患者为中心，以老年人健康需求为导向，改善就医流程，提高老年人的就医满意度，关注老年人的疾病和功能状况，创造一个安全、适老的"友善"医疗环境。比如，优化就医流程，让老年人能够顺利完成挂号、看病、缴费等环节；完善医疗服务，开展疾病综合评估、多学科诊疗、延续性照护等延伸服务，更好促进和维护老年人健康；提升环境适老性，医疗机构室内外环境从布局、空间、设备及设施环境方面更适合老年人身体特征和诊疗过程需要。

老年友善医疗机构"友善"在哪里？ 北京市不断完善老年友善医疗机构评价标准，围绕友善文化、友善管理、友善服务、友善环境等内容，不断升级建设内容，评价内容从63项细化到115项。

一是老年友善文化。具有加强老年友善文化建设、营造老年友善氛围、组织老年健康宣教、开展针对老年人的社会工作与志愿者服务的具体内容。

二是老年友善管理。形成老年友善服务的保障机制和具有老年医学特点的管理模式，组织开展老年医学相关知识和技能的培训，建立老年人分级诊疗和双向转诊机制。

三是老年友善服务。各级各类医疗机构结合实际为老年人提供有针对性的各项服务，包括老年医学科建设、老年医学相关服务、老年人智能产品使用、老年人就医便利服务、老年综合评估和相应干预服务、老年综合征管理、老年专科服务、老年人基本医疗服务、老年人基本公共卫生服务等。

四是老年友善环境。包括交通与标识设置，建筑环境、设施家具等适老化和无障碍设施建设等。

北京市老年友善医疗机构创建情况如何？北京市老年友善医疗机构建设取得了积极进展，老年人就医服务、就医环境不断优化，切实增强了老年人的获得感、幸福感、安全感。一是老年友善医疗机构建设范围不断扩大。从二级及以上综合医院，逐步扩展到一级（含）以上综合医院、二级（含）以上中医（中西医结合）医院、康复医院、护理院、社区卫生服务中心。目前，北京市各类老年友善医疗机构建设率已经超过了80%。二是老年友善医疗机构建设水平不断提升。通过创建老年友善医疗机构，各级各类医疗机构加强了在老年友善文化、管理、服务和环境等方面的内涵建设，促进了老年健康服务能力水平的提高，更好满足不同老年人的健康服务需求，尤其是失能和部分失能老年患者的特殊需求，促进老年患者健康。

71. 北京市医养结合发展情况如何？

随着人口老龄化进程进一步加快，失能、半失能的高龄老年人大幅增加，老年人的健康和照护问题将成为人口老龄化过程中最为突出的问题，医疗卫生服务需求和生活照料需求叠加的趋势将越来越显著。积极推动医养结合相关政策落地实施，是应对人口老龄化的具体举措，也是增进民生福祉的应有之义。

什么是医养结合？医养结合就是通过医疗资源与养老资源的整合，实现医疗服务和养老服务的有机融合，面向居家、社区和机构养老的老年人，在日常生活照料的基础上，提供所需的医疗卫生相关服务，满足老年群体日益增长的健康养老需求。医养结合机构指兼具医疗卫生资质和养老服务能力的医疗机构或养老机构，主要为入住机构的老年人提供生活照护、医疗、护理、康复、安宁疗护、心理精神支持等服务。

北京市持续推进医养结合试点示范。2022年，国家卫生健康委在全国范围内启动了新一轮的医养结合示范项目创建工作。响应国家号召，北京市已经启动医养结合示范区创建工作。示范区将重点开展三方面的创建工作：一是以医养签约合作、医疗机构开展养老服务、养老机构依法依规开展医疗卫生服务、医疗卫生服务延伸至社区和家庭等多种模式发展医养结合服务；二是推广中医药适宜技术产品和服务，增强社区中医药医养结合服务能力；三是有条件的医疗卫生机构按照相关规范、标准为居家老年人提供上门医疗卫生服务等。

北京市医养结合发展取得阶段性成效。一是通过多种形式推进机构医养结合。鼓励医疗机构举办养老机构，支持大中型养老机构内设医疗机构，推进医疗卫生机构与养老机构签约合作。截至2021年底，北京市医养结合机构总数为200家，其中，两证齐全（具备医疗卫生机构资质，并进行养老机构备案）的183家，提供嵌入式医疗卫生服务的养老机构17家，医养结合床位数6.15万张。二是推进居家社区医养结合。通过"互联网+医疗健康"、"互联网+护理服务"、远程医疗等将医疗机构内医疗服务延伸至居家，提升社区医养结合服务能力。目前，北京市互联网居家护理服务项目不断丰富，涵盖健康评估和指导、临床护理、专业护理、康复护理、中医护理和安宁疗护。三是创新医养结合服务模式。积极推进家庭照护床位建设，为居家重度失能老年人提供医养服务。探索组建街道（乡/镇）养老服务联合体，整合养老照料中心、社区养老服务驿站、社区卫生服务站等区域养老、医疗资源，将巡视探访、上门巡诊等居家医养服务有效衔接。四是不断提升服务能力。充分发挥区级老年健康和医养结合服务指导中心作用，利用远程等多种形式为医养结合机构做好服务和指导，畅通绿色转诊通道，定期组织医养结合机构工作人员参加医养结合培训。

72. 北京市如何推动分级诊疗？

分级诊疗制度是合理配置医疗资源、促进基本医疗卫生服务均等化的重要举措。建立分级诊疗制度能够有效引导优质医疗资源下沉基层，使群众能够就近得到方便安全的医疗服务，同时缓解大医院人满为患、一号难求的局面，让老百姓看病少花钱，少跑路。

什么是分级诊疗？ 分级诊疗的内涵概括起来就是16个字，即"基层首诊、双向转诊、急慢分治、上下联动"。基层首诊就是坚持群众自愿的原则，通过政策引导，鼓励常见病、多发病患者首先到基层医疗卫生机构就诊，发挥基层卫生服务机构健康"守门人"的作用。双向转诊是指通过完善转诊程序,重点畅通慢性期、恢复期患者向下转诊,逐步实现不同级别和类别医疗机构之间的有序转诊。急慢分治是通过完善亚急性、慢性病服务体系,将度过急性期患者从三级医院转出,落实各级各类医疗机构急慢病诊疗服务功能。上下联动是在医疗机构之间建立分工协作机制,促进优质医疗资源纵向流动加强体系建设,推动分级诊疗制度落地见效。

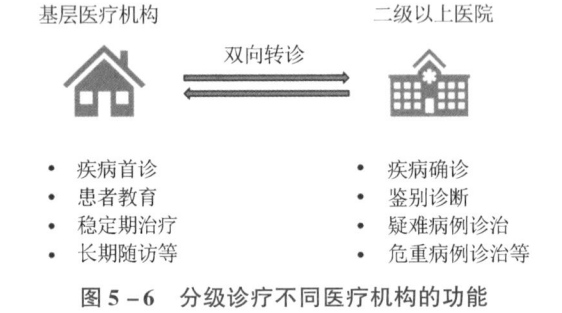

基层医疗机构 ⇄ 双向转诊 ⇄ 二级以上医院

- 疾病首诊
- 患者教育
- 稳定期治疗
- 长期随访等

- 疾病确诊
- 鉴别诊断
- 疑难病例诊治
- 危重病例诊治等

图 5-6 分级诊疗不同医疗机构的功能

北京市分级诊疗有何特点?紧扣"强基层"这个重点,按照动态覆盖、筑牢网底、强化服务、普惠居民的思路,完善基层首诊的基础能力,基层卫生诊疗量和居民满意度逐年提升。一是推进基层医疗卫生服务机构全覆盖。按照每个街道(乡/镇)设一所社区卫生服务中心和每两个社区配备一个社区卫生服务站的原则,推进社区卫生服务机构动态全覆盖。持续推进农村地区"一村一室"建设,补齐村级卫生服务机构短板。二是积极引导居民基层首诊,提高老年人就医方便性。推行"先诊疗后结算"服务,免除老年人在社区卫生服务机构就诊普通医师医事服务费个人自付部分金额。向高血压、糖尿病、冠心病、脑卒中、慢阻肺等五类慢性病患者提供长期处方服务。

以医联体建设为抓手，推动形成急慢分治、上下联动的分级诊疗模式。一是稳步推进医联体建设，推动各级医疗机构深度融合，形成上下联动的分级诊疗局面。组建覆盖全市 16 区的 62 个综合医联体和 32 个紧密型医联体，推进紧密型医联体医保总额管理。全市 100 余家二、三级医疗机构为基层优先提供号源，推动按需转诊。二是采取多种措施，加强基层医疗卫生机构能力建设。比如，按照"医联体优先、双向选择、统筹安排"的原则，三级医疗机构及专科医疗机构与社区卫生服务机构建立协作关系，指导帮助社区卫生服务机构开展专病特色科室建设，提升社区卫生服务机构服务能力，推动居民就医基层首诊。

73. 北京市如何推动老年健康服务体系建设？

北京户籍人口平均预期寿命已超过 82 岁，健康长寿成为老年群体的最大愿望。人到老年，最关心健康问题，健康需求也最为迫切。以维护老年人健康权益为中心，以满足老年人健康服务需求为导向，建立健全公平可及、综合连续、覆盖城乡、就近就便的老年健康服务体系，努力提高老年人健康水平，更好满足老年人健康服务需求，成为新时代首都北京卫生健康事业和老龄事业发展的共同着力点。

老年健康服务体系包括哪些内容？ 按照老年人健康特点和老年人健康服务需求，老年健康服务包括健康教育、预防保健、疾病诊治、康复护理、长期照护、安宁疗护等六个方面。

健康教育。 不断提高老年人健康核心信息知晓率和健康素养水平。引导老年人将"维护机体功能，保持自主生活能力"作为健康目标，树立"自己是健康第一责任人"的意识，强化"家庭是健康第一道关口"的观念，促进老年人及其家庭践行健康生活方式。

预防保健。 树立和巩固"预防为主"理念，建立健全老年健康危险因素干预、疾病早发现早诊断早治疗、失能预防三级预防体系。

疾病诊治。 在医疗机构推广多学科诊疗模式，加强老年综合征管理，强化基层医疗卫生机构老年人常见病、多发病和慢性病诊治能力。提升医疗机构服务和环境适老性，方便老年人看病就医。

康复护理。 为老年患者提供早期、系统、专业、连续的康复医疗服务，促进老年患者功能恢复。发展老年护理服务，满足老年人群疾病急性期、慢性期、康复期、长期照护期、生命终末期的护理服务需求。

长期照护。 为失能老年人提供长期照护服务，满足他们在生活照料、医疗护理、心理支持等方面的需求。推进养老机构护理型床位建设,大力发展社区嵌入式长期照护服务,为失能失智、重度残疾老年人家庭提供支持服务。

安宁疗护。扩大安宁疗护服务供给,鼓励医疗机构开设安宁疗护科和安宁疗护病区,推动社区卫生服务中心、医养结合机构开展安宁疗护服务,推进安宁疗护规范化发展。

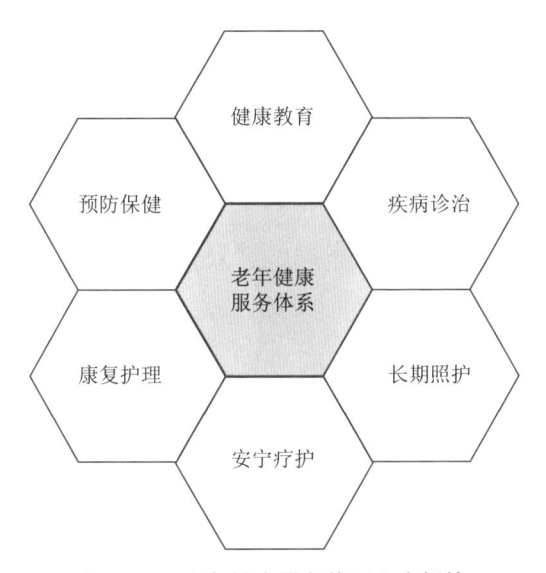

图 5-7 老年健康服务体系六大板块

北京市老年健康服务体系建设取得了哪些进展?《北京市关于建立完善老年健康服务体系的实施方案》《北京市"十四五"时期老龄事业发展规划》均明确提出着力构建与国际一流和谐宜居之都相适应的公平可及、综合连续、覆盖城乡、就近就便的老年健康服务体系。近年来,北京市多措并举,聚焦建机制、强基层、补短板,以试点带动示范,不断创新机制模式,大力推进老年健康服务快速有序发展。

一是建立完善老年健康工作机制。北京市通过市、区两级老年健康和医养结合服务指导中心，加强区域内老年医疗服务、医养结合服务、老年护理服务、安宁疗护服务、人才队伍建设、老年友善医疗机构建设等工作的统筹开展。

二是增强基层老年健康服务能力。持续提升老年人健康管理服务率和服务质量，为65周岁及以上老年人提供医养结合服务和健康服务。在全市社区卫生服务中心开展"社区老年健康服务规范化"建设工作，制定了《北京市社区老年健康服务规范》《北京市社区老年健康服务规范化建设评价标准》，指导社区卫生服务机构开展老年健康教育、预防保健、疾病诊治、康复护理、长期照护、安宁疗护的全流程老年健康服务，就近就便为老年人提供综合连续的健康服务。

三是完善身心健康并重的预防保健服务。在试点社区开展脑健康体检和失能预防项目，减少、延缓老年人失能失智发生，实施老年心理关爱行动、老年口腔健康行动、老年营养改善行动。鼓励和推动社区卫生服务中心开展口腔、心理、营养、认知、康复等个性化健康指导内容，提高老年人的健康水平和生活质量。

四是加快涉老医疗机构建设。在疾病诊治方面，针对高龄、失能老年人行动不便、多病共存的特点，积极推进老年医学科建设。不断完善老年医疗服务网络，建立健全以基层医疗卫生机构为基础、综合性医院老年医学科为核心、相关医疗教学科研机构为支撑的老年医疗服务网络。在康复护理方面，从2016年开始，北京市分四批推动19家公立医疗机构向康复机构转型，康复医疗服务保障能力明显增强。开展老年医疗护理服务试点，以点带面推动全市老年医疗护理服务发展。在安宁疗护方面，持续推进安宁疗护示范基地建设，扩大安宁疗护服务供给。

五是持续推进北京中医药健康养老身边工程。以二、三级中医医院为核心，组建中医药健康养老联合体，促进优质中医药资源向社区、家庭延伸辐射。继续创新"卡、包、岗"三结合的中医药健康养老服务模式，推出50余种中医药健康养老普惠包，开通"北京通—养老助残卡"中医药健康养老服务功能。

第6章
北京市老年人参与社会发展

74. 为什么要倡导老年人积极参与社会发展？

《北京市"十四五"时期老龄事业发展规划》中指出，要"鼓励老年人参与社会发展，引导老年人树立终身发展理念，营造老有所为、老有所学、老有所乐的社会氛围"。

老年人参与社会发展有何重要性？ 老年人积极参与社会发展作为积极老龄化的主要内容已经成为国际社会应对人口老龄化的普遍共识。自20世纪80年代以来，我国有关老年人社会参与的政策不断发展，老年人社会参与的主体由离退休干部扩大到全体老年人，国家对支持和促进老年人参与社会的政策导向也更加明确。2021年，中共中央、国务院印发《关于加强新时代老龄工作的意见》，要求把"老有所为"同"老有所养"结合起来，提出了包括探索适合老年人灵活就业的模式、鼓励

老年人才信息库建立、开展"银龄行动"等意见，进一步完善支持老年人就业、参与志愿服务、社区治理等政策措施，充分发挥低龄老年人作用，这充分体现了我国新时代老龄工作对解决老年人社会参与实际问题，鼓励老年人参与社会发展的重视。

老年人参与社会发展有什么积极作用？对于老年人自身而言，积极参与社会有助于增进身心健康，减少孤独感，丰富日常生活。老年人还能在社会参与的过程中发挥余热，实现自身价值，改善生活状态。对于家庭而言，老年人帮助做家务、照顾孙子女等活动也可以算作一种社会参与。老年人在家务劳动中的参与能减轻年轻子女的生活压力，加强家庭成员间的情感和联系。对于社会而言，老年人具有丰富的工作和社会经验。在我国人口老龄化程度不断加深，劳动力短缺的背景下，老年人在经济、文化和社会生活各领域的积极参与，不仅能继续发挥其专业技术能力，有助于经验知识和道德文化的传承，而且还能在一定程度上降低社会的养老负担，对我国应对人口老龄化问题有重要意义。

老年人如何参与社会发展？老年人参与社会发展的途径有许多，总体来说可以分为个人生活和家庭生活两大领域。个人生活领域的社会参与活动包括经济活动（就业）、志愿活动以及学习社交活动，家庭生活领域的社会参与主要是为父母、孙子女、子女提供生活照料等帮助。另外，并非只有教育和健康条件较好的老年人才能参与社会发展，即使是行动不便的老年人也可以借助互联网参与学习和社交活动。因此，所有老年人都可以根据自己的情况选择参与到不同的社会活动中去，迈出参与社会发展的第一步。

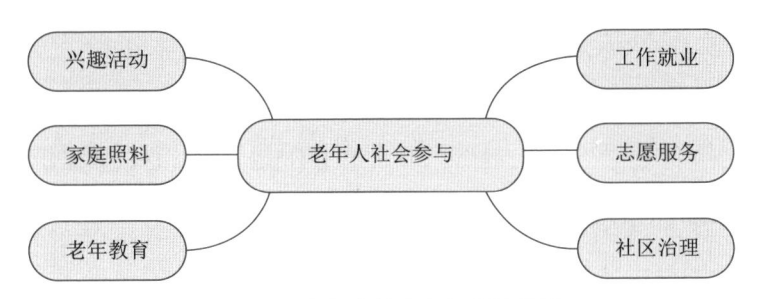

图 6-1 老年人社会参与主要类型

75. 为什么要实施延迟退休政策？

2021年3月，"十四五"规划和2035年远景目标纲要中明确提出，我国会"按照小步调整、弹性实施、分类推进、统筹兼顾等原则，逐步延迟法定退休年龄"，这标志着我国即将拉开延迟退休的序幕。

延迟退休年龄改革"四个原则"：

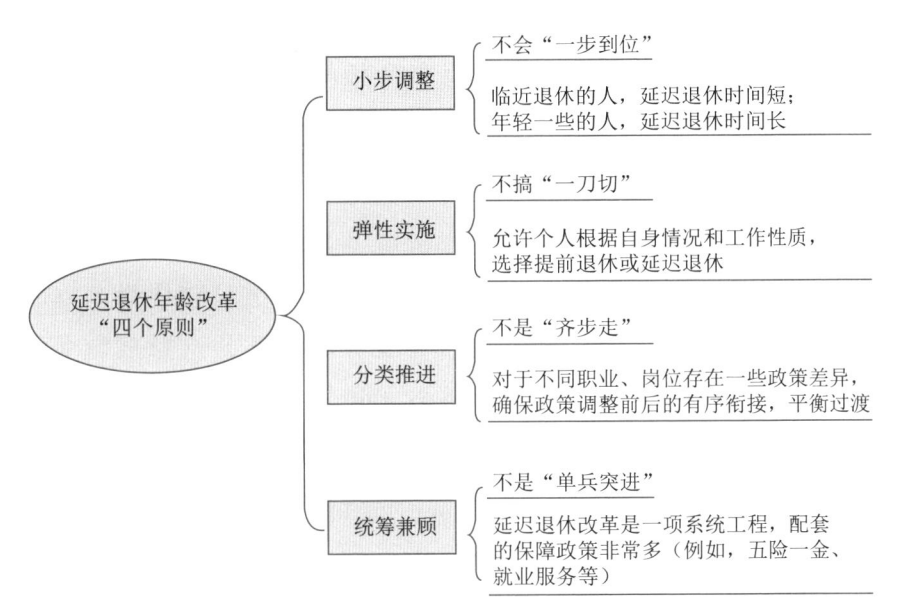

- **小步调整**
  - 不会"一步到位"
  - 临近退休的人，延迟退休时间短；年轻一些的人，延迟退休时间长

- **弹性实施**
  - 不搞"一刀切"
  - 允许个人根据自身情况和工作性质，选择提前退休或延迟退休

- **分类推进**
  - 不是"齐步走"
  - 对于不同职业、岗位存在一些政策差异，确保政策调整前后的有序衔接，平衡过渡

- **统筹兼顾**
  - 不是"单兵突进"
  - 延迟退休改革是一项系统工程，配套的保障政策非常多（例如，五险一金、就业服务等）

图 6-2 延迟退休年龄改革"四个原则"

资料来源：依据网络资料整理绘制。

什么是延迟退休政策？我国当前的法定退休年龄为男性60周岁，女性工人50周岁，女性干部55周岁。这一规定自1978年确定执行后，至今已有近50年的时间。延迟退休政策主要指"延迟退休年龄政策"，即结合国家的人口年龄结构变化、养老金储备情况、就业情况，逐步提高退休年龄的制度安排。延迟退休年龄政策的实施往往会伴随着配套政策的调整和出台。以养老金政策为例，为鼓励年长员工延迟退休，工作年限越长，养老金领取比例越高。

为何我国要实施延迟退休政策？我国推行延迟退休政策主要基于以下四个方面：退休年龄与平均预期寿命不匹配、退休年龄与人口老龄化发展趋势不适应、退休年龄不适应劳动力结构的变化、退休年龄不利于人力资源充分利用。以北京的情况为例，2022年全市户籍人口平均预期寿命已经达到82.47岁，按照现有的政策，平均退休之后还有近30年的时间。根据《北京市老龄事业发展报告（2021）》，截至2021年底，北京市常住人口中60岁及以上老年人口为441.6万人，占全部常住人口的20.2%，这是北京常住老年人口首次超过20%，老龄化程度进一步加深。按15—59岁劳动年龄户籍人口抚养60岁及以上户籍人口计算，北京市老年抚养系数为47.3%，这意味着北京市每2.1名户籍劳动力在抚养1名老年人，且老年抚养系数还在持续上升。与此同时，"七普"数据显示，全市老年人口中，有六成是60—69岁的低龄老年人，且60岁及以上老年人口中大学专科及以上文化程度的有88.7万人，占老年人口比重的20.6%，与2010年相比提高了1.8个百分点。"十四五"期间随着大量"60后"进入老年期，老年人口的规模和人口素质还将进一步提升，这表明北京具备较好的老年人力资源开发潜力，延迟退休政策的实施就是其破题之道。

76. 国际社会如何开发老年人力资源？

我国在 21 世纪初刚刚开始步入老龄化社会，但我国老年人口基数大、人口老龄化速度快，使得开发老年人力资源更需早做打算。在开发老年人力资源的实践探索中，日本、美国、澳大利亚等国家为我们提供了很好的经验借鉴。

日本是如何促进老年人就业的？数据显示，中日老年人的就业现状非常相似，但日本的老龄化进程在时间上较中国早 30 年，在促进老年人就业的政策体系构建上的探索也较早，具有较好的借鉴价值。日本的相关政策主要涉及意愿激发、权利保障和能力支撑三个方面。首先，通过推迟养老金领取年龄，激发老年人的就业意愿；其次，包括实施延迟退休政策、禁止年龄歧视、提供失业保险、丰富就业形式等方式，保障老年人有公平就业、继续就业的权利；最后，有关终身学习和职业能力

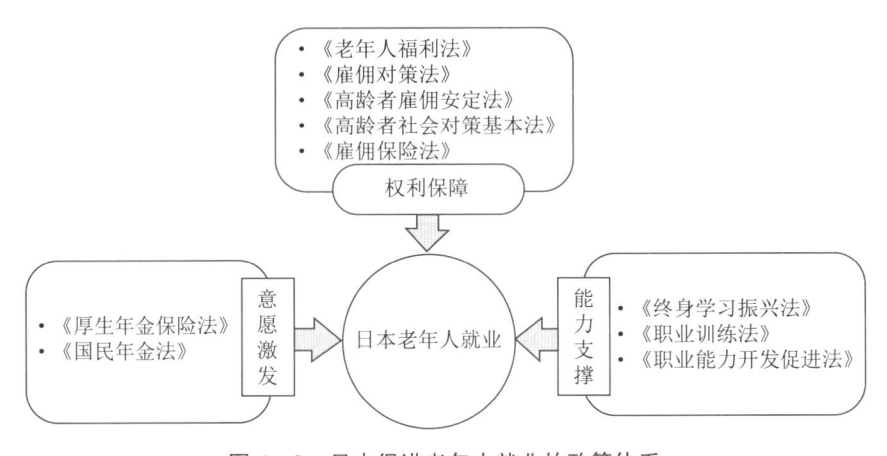

图 6-3 日本促进老年人就业的政策体系

开发的政策为老年人继续参与劳动市场提供能力支撑。三者相互配合、互相促进，构成了日本促进老年人就业的政策体系。值得借鉴的是，日本的政策改革采取渐进方式，为企业和个人都提供了缓冲时间；同时，日本还专设了"银发人力资源中心"和"公共就业保障办公室"，以满足老年人多样的就业需求，推动政策落地。

还有哪些开发老年人力资源的方式？国际经验表明，除了积极构建协同完善的政策制度体系外，发展老年教育、建立健全志愿服务体系，营造积极的社会氛围也十分重要。北京市在"十四五"老龄事业规划中，也明确表明了"积极挖掘老年人中的红色资源，传承红色基因"，"积极推动志愿服务规范化、常态化、专业化发展"，"鼓励低龄老年人参与社工和志愿服务"的政策导向。澳大利亚在过去的40年间出台了一系列的老年教育政策和专项行动计划，逐步形成了第三年龄大学、游学模式、高等教育模式等典型模式经验，为老年群体提供终身学习的场所和多样的学习模式选择，丰富其社会参与的途径。在老年志愿服务体系的建设上，美国的经验也可供借鉴。美国的志愿服务项目既包括联邦政府主导的全国性老年志愿计划（例如：寄养祖父母计划——招募60岁以上的志愿者为弱势或残疾青少年提供照料服务；老年同伴计划等），也有非政府组织主导的志愿服务项目。其老年志愿服务项目在顶层设计上不断优化，关注老年人需求和能力特点，注重新科技和概念的引入，在社会上促进了志愿服务文化氛围的形成。

77. 什么是"时间银行"?

"时间银行"正逐渐成为老年人参与志愿服务的新途径。"时间银行"这一概念由美国人埃德加·卡恩提出并创设。结合我国的实践经验,我们可以将"时间银行"理解为不同年龄段的志愿者,参与为社区老年人提供各类志愿服务的活动,累积服务时数,待自己或家人年老需要服务时,可以兑换同等时长的服务的一种为老志愿服务模式。

"时间银行"有哪些开展模式?当前,"时间银行"在我国各省市的运营模式和发展状态各有特点。根据管理运营和资金提供主体,可分为政府主导型、社会组织主导型、企业主导型三类。以政府主导型的南京模式为例,江苏省南京市由民政局牵头组建时间银行管理中心,指导全市时间银行按照统一管理、统一标准、统一平台的要求,在全市进行时间银行的规范化、标准化建设。截至 2021 年 7 月，南京时间银行已在全市 12 个区全面开展建设及运营工作，已建设服务点 1327 个，招募志愿者 5.09 万名，直接服务 5.11 万名老年人，形成了具有特色和成效的时间银行"南京样板"。

北京市是否有"时间银行"服务？2022 年，《北京市养老服务时间银行实施方案（试行）》发布，并在同年 6 月 1 日起开始实施。在经过培训后，年满 18 岁、身心健康的北京市常住居民都可成为志愿者，并在"时间银行"建立个人账户，每服务一个小时可在个人账户存入一个"时间币"。在志愿者年龄要求上，只有下限要求，无上限要求，这意味着青壮年群体，尤其是有空闲时间和能力的低龄老年群体都可以参与到"时间银行"志愿服务中来，北京市"时间银行"规划的服务内容见下图。

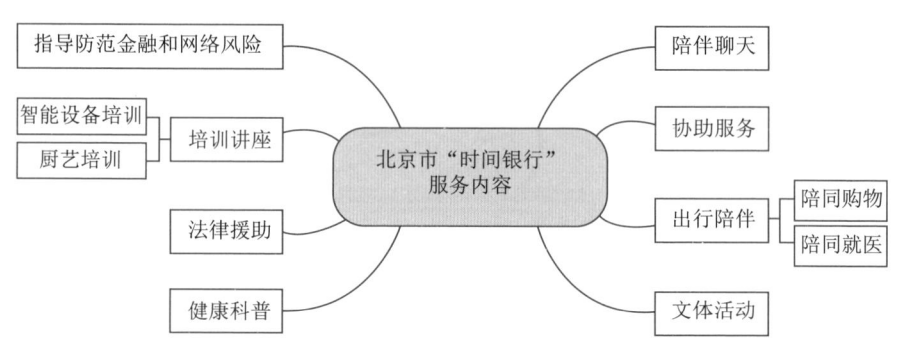

图 6-4 北京市"时间银行"主要服务内容

资料来源：根据《北京市养老服务时间银行实施方案（试行）》整理绘制。

时间币应该如何使用？志愿者可以在 60 岁后兑换相同时长的服务供本人使用，也可赠送给年满 60 岁以上的直系亲属使用，还可以将时间币捐赠给平台进行二次分配。在北京市的政策中，若积攒够一万个以上的时间币，还可以入住公办养老机构。另外，时间币不能变现或换取资金、实物。

如何参与"时间银行"？目前，北京市的"时间银行"平台还在开发中，参与"时间银行"的步骤可以参考下图的流程。

```
                    "时间银行"使用流程
                    ┌──────────┴──────────┐
                  获得服务              提供服务
```

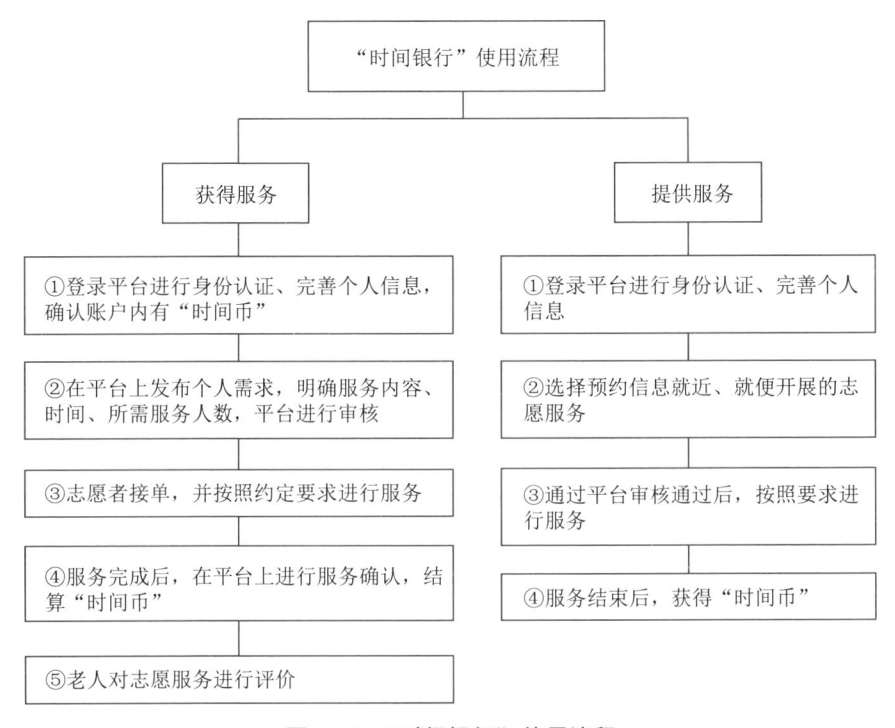

获得服务：
① 登录平台进行身份认证、完善个人信息，确认账户内有"时间币"
② 在平台上发布个人需求，明确服务内容、时间、所需服务人数，平台进行审核
③ 志愿者接单，并按照约定要求进行服务
④ 服务完成后，在平台上进行服务确认，结算"时间币"
⑤ 老人对志愿服务进行评价

提供服务：
① 登录平台进行身份认证、完善个人信息
② 选择预约信息就近、就便开展的志愿服务
③ 通过平台审核通过后，按照要求进行服务
④ 服务结束后，获得"时间币"

图 6-5　"时间银行"使用流程

资料来源：依据网络资料绘制。

78. 老年人参与社区治理的形式有哪些？

北京市城市规模巨大，社区数量众多，社区层面的治理对于维护社会的和谐稳定具有至关重要的作用。总的来说，社区治理的形式主要有社区服务与照顾、社区安全与综合治理、社区公共卫生、社区物业管理、社区文化和精神文明建设以及社

区选举与居民自治等活动，具体的形式内容见下图。

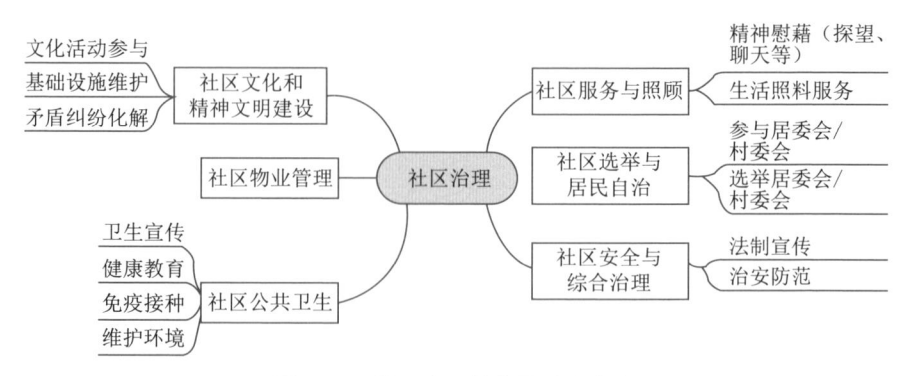

```
文化活动参与 ┐
基础设施维护 ├─ 社区文化和        精神慰藉（探望、聊天等）
矛盾纠纷化解 ┘  精神文明建设 ┐    社区服务与照顾 ┬ 生活照料服务
                              │                   └
              社区物业管理 ───┤                     
                              ├─ 社区治理 ─┬─ 社区选举与 ┬ 参与居委会/村委会
卫生宣传 ┐                    │            │  居民自治   └ 选举居委会/村委会
健康教育 ├─ 社区公共卫生 ─────┘            │
免疫接种 │                                 └─ 社区安全与 ┬ 法制宣传
维护环境 ┘                                    综合治理   └ 治安防范
```

图 6-6　社区治理的主要形式内容

老年人在社区治理中的角色是什么？老年人既是社区建设中的被服务对象，更是社区治理的主要参与群体。具体而言，老年人在社区中的角色至少有五类：社区参与的调动者、社区居民需求的代言人、社区矛盾的协调者、社区自治的实践者和社区服务的主要提供者。同时，老年人也需要遵循社区相应的规章制度和内部约定，积极接受社区管理层的引导。

北京市老年人参与社区治理的现状如何？根据调查研究，北京市老年人参与社区治理的需求较高，参与内容主要集中在社区治安管理、文化与精神文明建设和社区环境卫生中。女性、低龄、教育程度较高、自评健康程度较好、收入较高的老年群体更愿意参与社区治理，户口不在北京的流动老人参与社区治理活动的需求最为强烈。"西城大妈""石景山老街坊"等群众组织都是老年人参与社区治理较为典型的实践经验。

以"西城大妈"为例，"西城大妈"是西城区老年平安志愿者的代称，实名注册志愿者约 7 万人，日常活跃志愿者约 4 万人。"西城大妈"在社会治理中发挥了重要作用，不仅坚持社区每日巡防值守，圆满完成一系列重大活动的安全保障工作，连续四届为西城区捧得社会治安综合治理工作的最高奖项"长安杯"，还在保护城市环境，倡导文明健康的生活方式，加强社区服务，邻里互助守望等方面做出了杰出贡献。在公共安全方面，过去的五年里，"西城大妈"已经提供了近70000条违法犯罪情报线索，协助公安机关抓捕10000多名犯罪嫌疑人，并尽最大的努力确保重大活动不发生意外。在共治方面，"西城大妈"累计运行近6000个志愿服务项目，累计时间超过1000万小时，为社会和谐稳定做出了突出贡献。

如何促进老年人参与社区治理？活动内容是否吸引人、活动时间是否灵活，以及活动宣传是否到位是影响老年人参与社区治理活动的三项重要因素。当前社区组织和机构是为老年人提供社区治理参与机会的主体，老年人群体可以尝试通过居委会、村委会、公益志愿平台或组织、业委会等各方机构积极参与到社区治理当中去，在社区文化建设、社区环境治理、社区管理等方面发挥自己的力量。

79. 基层老年协会是什么？

基层老年协会是城乡社区老年人自我管理、自我教育、自我服务的老年群众组织，是我国基层老龄工作的重要组织载体，也是党和政府联系广大老年群众的桥梁和纽带。

基层老年协会有哪些国家和地方的政策支持？在我国"十四五"老龄事业发展规划中，"规范化建设基层老年协会"是促进老年人社会参与的重要一环。规划强调要"改善基层老年协会活动设施和条件"，"引入专业社会工作者、社会组织等对基层老年协会进行培育孵化，打造一批规范化、专业化基层老年协会"。北京市也发布了包括《关于进一步加强北京市老年人优待工作的意见》《关于加强新时代首都老龄工作的实施意见》《关于推进街道乡镇养老服务联合体建设的指导意见》在内的一系列意见方案，推动街道乡镇老年协会的组建，强调基层老年协会在老年人权益保障和为老服务，推动老年人社会参与，满足精神文化需求上的重要作用。

基层老年协会能发挥什么样的作用？根据全国老龄办印发的《关于加强基层老年协会建设的意见》，我国的基层老年协会主要有以下五方面的职责：一是做好老年人的思想政治工作，引导老年群体遵守法律法规和社会公德，学习国家和党的政策、方针和路线；二是密切联系老年人，了解老年人的需求和意见，反映老年人的合理诉求，代表和维护老年人的合法权益；三是组织开展为老服务和老年互助活动，为老年人提供多方面的生活服务和心理支持，解决老年群体的实际困难；四是倡导积极健康的老龄理念，引导老年人选择科学健康的生活方式，组织开展有益身心健康的活动，丰富老年人的精神文化生活；五是

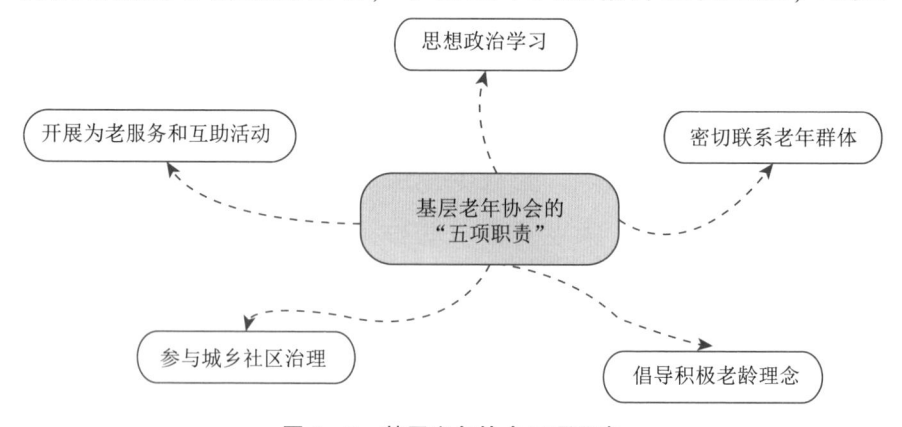

图6-7 基层老年协会五项职责

依法组织老年人参与城乡社区治理、建设，在维护社区治安、调解邻里纠纷、关心教育下一代等方面发挥积极作用。

哪些人可以参加基层老年协会？目前，北京市正在推动区（县）、街道（乡/镇）、居（村）三级老年协会的建立，基层老年协会由老年人自愿组成，面向全体老年人。原则上，老年协会所在辖区的老年人（通常以55岁或60岁为年龄界限），在承认老年协会章程的基础上，自愿申请，均可成为基层老年协会的会员。

北京市有哪些具有代表性的基层老年协会？在政策推动下，北京市也逐渐探索建立了很多具有特色的基层老年人协会。其中，北京市海淀区北航社区是由中国老龄协会确定的十家基层老年协会能力提升项目第一批试点之一。北航社区人口老龄化程度高，老年人文化素质较高，具有志愿服务活动基础。在社区和北京泰康溢彩公益基金会的支持下，北航社区成立了老年协会筹备组，编写了《北航养联体志愿服务制度汇编》，推动了志愿服务的规范化和持续性发展，建立了以老年人需求为核心，多主体协作的为老服务体系，社区老年人积极参与，总计提供社区养老服务1.2万次以上。

80. 老年人如何满足精神文化生活？

党的十八大报告强调，让人民享有健康丰富的精神文化生活，是全面建成小康社会的重要内容，老年人的精神文化生活也理应多姿多彩。老年人的精神文化需求主要包括六个方面：情感需求、文化娱乐需求、人际交往的需求、教育的需求、政治需求和自我实现的需求。

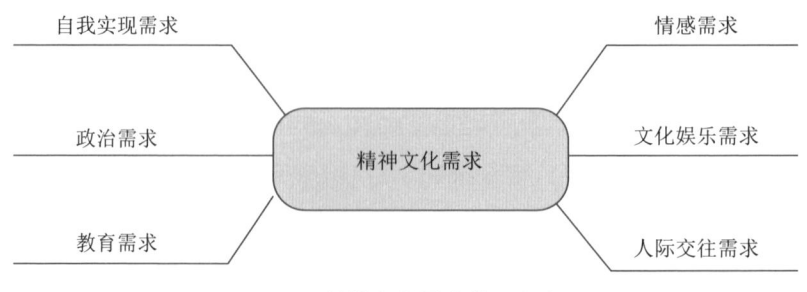

```
自我实现需求                     情感需求

政治需求         精神文化需求      文化娱乐需求

教育需求                         人际交往需求
```

图 6-8 精神文化需求的六个方面

北京在满足老年人精神文化需求方面有哪些政策支持？北京市"十四五"老龄事业发展规划中提到，要从体育、文化娱乐、老年教育、志愿服务和心理服务等方面发力，为满足老年人精神文化需求提供设施场地、文化旅游产品和多样化的服务。在促进老年教育事业发展上，北京市要求完善"互联网+老年教育"服务模式，探索"医、养、文、体、教"等场所与老年人学习场所的共建共享。

有哪些活动可以满足精神文化需求？老年人的精神文化需求有个体的特殊性，老年人可以根据自己对文化生活的需求选择参与不同的社会活动。北京市开展了多种多样的满足老年人精神文化需求的活动。例如：推动了老年人参与疫情防控与基层治理；开展了"银发达人""最美太极老人"评选展示活动；落实"志愿北京之青春伴夕阳"项目，加大助老结对帮扶力度；孵化培育了一批医疗类专业助老志愿服务团队，为老年人的健康晚年提供服务。北京市还在继续发挥离退休党员干部先锋模范作用上进行了积极探索，建立"初心讲堂"，传播红色文化；进行文艺创作，参与修史编制工作等。除了全市范围内的专题活动外，各街道社区也在积极探索。以北京市西城区大栅栏街道社区为例，该街道社区通过组建歌唱组、口琴组、读书组等兴趣小组来满足老年人的精神文化需求，老年人既能找到与自己志趣相投的朋友，满足人际交往的需求，同时还能在活动的过程中发挥自己的特长。

81. 老年人适合参与哪些体育锻炼？

科学地参与体育锻炼有益于老年人保持身体健康和活力，北京市在"十四五"期间也将"建立健全老年人体育协会""推广普及适合老年人特点的体育健身项目和方法""利用各类公共服务设施组织开展适合老年人的体育健身活动"作为重点任务。

老年人适合做什么样的运动？对运动项目的选择要根据个人身体的具体情况而定，散步、慢跑、太极拳等体育项目的运

动强度较为适中，可以锻炼肌肉骨骼、改善心肺功能；太极拳的习练则对维持平衡感非常有利。有条件的老年人也可以选择游泳来进行锻炼，游泳最大的好处就是既能保证运动的强度，又能在一定程度上减少对关节的损害。行动能力有限的老年人也可以做卧床的腰腹收紧练习，通过上举上臂、扩胸运动等方式，帮助锻炼身体。

北京有哪些支持老年人参与体育锻炼的政策？北京市明确规定"市、区（县）财政支持的公共体育场馆为老年人健身活动提供优惠服务，在淡季、老年节，为老年人活动实行优惠或免费提供场地"，"关注农村老年人体育需求"等优惠服务。近期北京市还对老年人游泳健身服务保障提出了要求，保障老年人参与体育锻炼权利的同时，强调游泳馆需要做好安全保障服务和科学教育宣传。

老年人应该如何科学健身？在进行运动健身的时候需要注意健身时间、地点，以及运动强度和时长。首先，健身的时间不宜太早，一天中最适合锻炼的时间是傍晚。即使习惯白天锻炼，也应尽量在早晨六点半后进行锻炼。另外，老年人尤其需要避免空腹锻炼，空腹运动容易导致低血糖，还会给心脏带来较大的负担。在健身地点的选择上，最好选择空气污染较低的公园、广场，或者老年人聚集的活动中心锻炼，远离交通繁忙的街道，减少健身的安全隐患。最后，老年人的运动时间视运动强度而定。体质较好的老年人宜选择强度中等、持续时间较短的练习（如走跑交替），每次最好持续三十分钟至一小时。年龄偏大或体质较弱的老年人宜选择强度小而持续时间较长的练习（如慢走、太极拳）。

82. 老年人上网的好处和问题有哪些？

伴随着数字信息技术和基础设施的发展完善，互联网与我们当下的生活越来越息息相关。第49次《中国互联网络发展状况统计报告》显示，得益于我国互联网应用适老化改造行动的持续推进，我国60岁及以上网民达到1.19亿人，互联网普及率达43.2%，老年人99.5%使用手机上网，互联网应用逐渐成为银发人群重要的娱乐方式和社会参与的新工具。

老年人上网可以做什么？ 首先，互联网提供多样的应用程序。这些应用程序不仅能为老年人和子女、孙辈的互动交流提供更多的方式（例如即时分享照片、视频连线等），而且还能为老年人提供更多元的社会参与和生活娱乐方式。同时，互联网逐渐成为老年教育的重要阵地。北京市"十四五"老龄事业规划也将"完善'互联网+老年教育'服务模式"作为重点工作之一。国家开放大学上线万门老年教育课，帮助老年人掌握出行、医疗、购物等领域的生活技能，老年人可以从智慧学习中受益，获得在"衣食住行"各方面更为精细和便捷的服务。

上网能给老年人带来什么好处？ 除了一些具体的生活中的好处，适度使用互联网还有助于提高老年人的身心健康水平和社会适应水平，进一步促进老年人更积极和多样化的社会参与，提高整体的生活满意度。有研究还发现，老年人使用网络社交工具（如QQ、微信）可以加强其与家庭成员和朋友的社会网络关系。老年人网络社群参与活跃度越高，越有可能加强其与朋友的联系、恢复已中断的朋友联系，结交认识新的朋友。朋友网络的扩展也有益于帮助中老年人了解新鲜事物，进一步增加其与家人的沟通话题，从而改善代际关系。

老年人上网需要注意哪些问题？第一，注意适度不沉迷，连续过长时间使用手机等智能设备反而会对身体健康和正常生活造成不利影响，因此需要适度使用。第二，注意辨别不上当，互联网上有许多错误信息或诈骗信息，在使用互联网的时候需要保持警惕，对于一些涉及钱财和健康的信息更要仔细辨别，在自己无法判断时可以向子女孙辈求助。第三，注意隐私不暴露，在互联网上发布信息和记录生活的时候，要注意保护自己和家人的身份信息、居住信息和钱财等隐私，防止有心之人利用这些信息实施诈骗或其他违法犯罪行为。

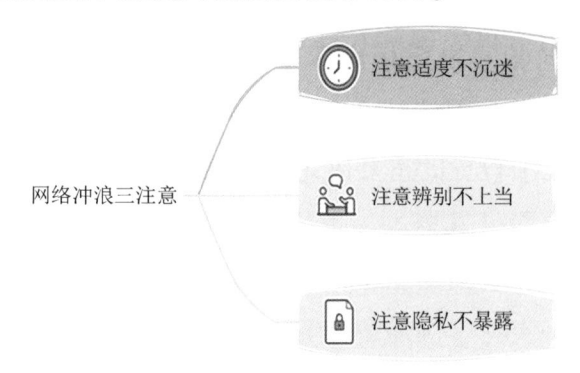

图 6-9　网络冲浪三注意

83. 如何处理好家庭内代际关系？

在中国的文化习俗中，一直都有重视家族兴旺和绵延的情结，这使得老年人对家族的第三代，即孙辈相当重视。因此，对于中国的老年人而言，当成年子女在平衡工作和照顾下一代间出现难处时，很多老年人都会参与到对孙辈的照料当中。

帮助子女照顾孙子女有何好处？首先，老年人帮助照顾孙子女对个人、家庭和社会有一定的积极作用。对于个人而言，照顾孙子女有利于促进老年人更多样的社会参与，有益于老年人的身心健康，提高生活的满意度，还可以在一定程度上改善老年人的生活条件。对于家庭而言，老年人的参与能够帮助减轻子女的育儿负担，让子女能更好地投入工作，促进家庭财富的累积，增强家庭成员间的团结。对于社会而言，老年人提供的支持能弥补社会政策在家庭育儿方面的不足。

如何处理照顾孙子女过程中产生的问题？对于参与孙子女照顾的老人来说，在照顾孙子女的时候难免会产生一些矛盾和问题，例如与成年子女的教育、生活理念不合；照顾孙子女花费太多的时间和精力，没有自己的空间；跟随成年子女到新的城市生活难以适应等。因此，在照顾孙子女的过程中要注意：第一，**多交流多沟通**。通过交流沟通与成年子女在照顾孙子女的问题上形成共识，发挥各自在照顾孙子女上的长处，及时解决矛盾。第二，**爱自己爱家庭**。老年人自己的身心健康对于家庭和个体而言都十分重要。在照顾孙子女的过程中，如果感觉到负担过重，甚至到了影响自己身心健康的程度，要尝试做出适当的调整，例如参加一些社区的文化娱乐活动作为调剂等。照顾孙子女并非老年人必尽的义务。老年人是否参与照料孙子女，取决于家庭和老人的客观情况与主观意愿。

目前我国老年人的社会参与模式中，以家庭为中心型（即将大部分精力投入家庭事务中）占比仍然较高，这也符合我国的传统家庭文化。但研究也发现个人生活和家庭生活较为平衡的老年人社会适应能力更好。因此，老年人在照料家庭的同时也要关注自己，保持积极健康的生活态度。

第7章
北京市养老服务人才队伍建设

84. 什么是老龄人才？

老龄人才主要指的是 60 岁以上的具有一定专业技能或熟悉某些专门行业，身体健康，并有意愿利用自身所长，通过创造性工作服务社会发展的人。老龄人才的范围广阔、领域多样，尤其老年专家是重要的老龄人才，包括但不限于民政系统聘请专家、地方政府聘请专家、科研院所涉老专家、社会组织聘请专家和服务机构管理专家等；离退休干部一直是我国老年人才资源的代表性群体，具有"职业化、知识化、专业化"的鲜明特征，较高的社会威望、良好的群众基础。

开发利用老龄人才是保障老年人权利的重要体现，也是老龄工作的重要内容。20 世纪 90 年代，联合国通过了《联合国

老年人原则》，包括"独立、参与、照顾、自我充实、尊严"五个方面。其中包括：老年人继续工作的权利、老年人接受教育培训的方案、老年人参与社会的政策、老年人向后辈传授知识和技能的义务、老年人应该积极参与社会发展、老年人应该促进全面发展体现自身价值，以及老年人应该公平享用社会教育、文化、精神、文娱等方面的资源等内容。2002年，联合国第二次老龄问题世界大会，提到三个优先采取的行动（健康、保障和参与），并将"老年人参与发展"放在首位，强调老年人的社会参与是积极老龄化的体现。《中共中央 国务院关于加强新时代老龄工作的意见》提出，把老有所为同老有所养结合起来，发挥老年人在家庭教育、家风传承等方面的积极作用。全面清理阻碍老年人继续发挥作用的不合理规定。

我国低龄老年人口数量庞大。2022年，我国60岁及以上人口逾2.8亿人，占全国人口总数的19.8%，其中60—69岁的低龄老年人口占老年人口的半数以上。低龄老年人中的相当一部分人在退休后仍然有继续工作的意愿和能力。而在农村地区，农村人口并没有严格的退休制度和概念。老年人在自身条件允许的情况下参与社会，也可以极大地减轻社会养老负担，减轻子女抚养压力，提高生活质量；同时，也可作为生产性人口力量，缓解劳动力供给不足，促进人口长期均衡发展。

充分认识长寿时代人口机会的潜在优势，主动适应发展新要求与新形势，推动老龄人力资源开发，对于积极应对人口老龄化、服务经济社会高质量发展具有重要意义。《中共中央国务院关于加强新时代老龄工作的意见》明确突出,"鼓励老年人继续发挥作用,充分发挥低龄老年人作用,鼓励各地建立老年人才信息库,为有劳动意愿的老年人提供职业介绍、职业技能培训和创新创业指导服务"。

85. 什么是养老服务人才?

养老服务人才具有广义与狭义之分。广义上指的是社会养老服务体系中为老年人提供全方位服务的人员。狭义上的养老服务人才主要指的是在各类养老机构中服务的人员,养老护理员是养老服务人才队伍的主体。一般而言,根据养老需求和从业领域的不同,可以将养老服务人才分为生活照顾人才、医疗护理人才、生活服务人才、机构管理人才、教育培养人才等五个大类。

表7-1 养老服务人才主要分类

人才类别	具体内容
生活照顾人才	指的是从衣、食、住、行等方面保障老年人的基本生活的人才,服务内容包括物业管理、家政服务、事务代理、出版服务和专业配餐等
医疗护理人才	指的是为老年人提供疾病预防、养生保健、心理咨询、医疗救治和康复护理等服务的人才,可具体提供基础护理、专业医护、康复保健、心理咨询等服务内容
生活服务人才	指的是为老年人提供理财保险、法律咨询、养老产品设计、旅游服务等生活帮助的人才
机构管理人才	指满足养老产业自身发展需要的具备管理知识与技能的各类人才,包括组织管理人才、高级管理人才、活动组织人才、外部联系人才、行政管理人才等
教育培养人才	老年教育人才指的是具备指导老年人学习、掌握老年人教育学知识的人才。教育培训人才指的是为了满足养老服务业与养老产业的专业化、职业化建设所需的专门教育培训人才

根据《北京市养老服务人才培养培训实施办法》，养老服务人才主要指的是在北京市民政部门备案的各类养老服务机构内从事养老服务的养老护理人员、专业技术人员、养老管理人员。

养老护理员。主要分为机构护理员和居家护理员。养老护理人员与养老服务机构建立劳动关系后，可纳入养老服务机构护理员范围。建立劳动关系的方式主要有以下三种：

> 一是签订劳动合同并按规定缴纳社会保险的养老护理员。属于规范用工人员。二是签订劳务派遣协议的养老护理员。养老服务机构、劳务派遣公司、养老护理员三方共同签订劳务派遣协议，养老护理员被派遣到养老服务机构专职从事养老护理工作。此类护理员原则上应按照人力社保部门规定，由劳务派遣公司为其缴纳社会保险。三是签订劳务协议的养老护理员。主要包括超过国家法定退休年龄、与养老服务机构签订劳务协议的养老护理员（工人退休：男年满60周岁，女年满50周岁；干部退休：男年满60周岁，女年满55周岁）。此类护理员不缴纳社会保险。随着家庭照护床位建设逐步开展，家庭照护者与养老服务机构签订劳务协议后，也可纳入养老服务机构兼职养老护理员范围。

专业技术人员。主要指的是在养老服务机构内从事医疗保健、康复护理、营养调配、心理咨询、技术培训、能力评估、服务规划等工作的养老服务专业人才。

养老管理人员。主要指的是养老机构院长、社区养老服务驿站站长、养老服务企业负责人或投资人等管理人员。

此外，从养老服务人力资源的供给来源看，养老服务人才还应该包括家庭成员。家庭成员是最接近老年人、最了解老年人需求的人员，可以提供个性化和亲密的照顾。定义为养老服务的家庭成员，要求具备一定的技能和知识，以确保老年人的安全和健康。北京市积极开展养老护理知识技能进家庭、进社区活动，为家庭护理人员开展照护知识和技能培训，逐步将老人子女亲属吸纳到养老护理人才队伍。

86. 什么是新职业中的养老服务人才？

2020 年，人社部联合国家市场监管总局、国家统计局发布了九个新职业，其中涉老服务人才主要包括了康复辅助技术咨询师、老年人能力评估师。

康复辅助技术咨询师。是自 2015 年版《中华人民共和国职业分类大典》颁布以来发布的第二批新职业之一，指的是根据功能障碍者（老年人、残疾人、伤病人）的身体功能与结构、活动参与能力及使用环境等因素，综合运用康复辅助技术产品，为功能障碍者提供康复辅助技术咨询、转介、评估、方案设计、应用指导等专业康复辅助器具服务的人员。目前，该职业存在巨大人才缺口，且接受过专业培训，具备扎实技能的从业人员较少，据测算，未来五年我国至少需要 15 万名该职业人员。

老年人能力评估师。指的是为有需求的老年人提供生活活动能力、认知能力、精神状态等健康状况测量与评估的人员。2022 年 4 月，北京市人力资源和社会保障局印发《关于开展新职业技能等级认定工作的通知》，将对老年人能力评估师开展技能等级认定工作，分为五个技能等级，分别是初级工（五级）、中级工（四级）、高级工（三级）、技师（二级）和高级技师（一级）。

随着养老服务业业态的多元化发展，当前我国还存在一些虽然未进入国家职业类别分类大典，但是在实际工作中发挥重要作用的养老服务职业类别以及综合性养老服务人才类别。

照护管理师。与养老护理员、健康照护师、老年人能力评估师、健康管理师等相近职业相比，主要是强调对"老年人综合照护的管理"，涵盖了老年人综合状况评估与风险分析、照护建议与咨询、个案管理、服务组织和监督等工作内容；能够充分整合照护资源，在老年人能力评估师的评估基础上，进一步综合分析老年人整体照护需求、老年人照护资源的供给情况以及社会资源的动用能力，为养老护理员、健康照护师等具体服务做好照护服务咨询、照护服务衔接和照护管理，并持续跟踪，提高老年人照护质量，科学有效应用照护资源。

当前北京市养老家庭照护床位的服务供给中，培育和引入了照护管理师这一新职业。照护管理师可以通过对老年人健康状况和居家环境、社会支持的评估与综合信息监测，依据养老服务侦测和制度等，提供服务规划、辅具适配与适老化改造建议，并对服务进行监督，保障服务质量，从而实现生活照料、专业照护、医护服务、健康管理、安全协助、照护者支持服务等专业服务的集成；同时，实现老年服务与家庭适老化工作的集成，从而让老年人在家享受到个性化、一站式的高品质服务。

康养服务技能人才。康养服务涵盖健康照护、养老护理、家政服务、婴幼儿照护等领域。随着康养产业的发展，康养服务技能人才也成为综合性的养老服务人才类别，主要包含健康照护师、养老护理员、家政服务员、育婴员、保育师、孤残儿童护理员、健康管理师、营养配餐员等康养服务职业（工种）。当前我国康养服务高技能人才缺口巨大，康养护理人员不再是传统意义上的保姆和护工，需要具备更专业的护理知识，尤其需要具备专业的医学、心理学、生理学、社会学等知识。2020年10月，人社部、民政部等五部门联合印发《关于实施康养职业技能培训计划的通知》，提出将在2020—2022年，培养培训各类康养服务人员500万人次以上，在全国建成十个以上国家级（康养）高技能人才培训基地，培养和造就一支规模宏大、层次分明、结构多元的康养高技能人才队伍。

87. 养老服务人才有哪些基本权益？

从西方早先进入老龄化社会的国家的经验做法看，对于长期在养老服务行业工作的人员，可以依法享有以下权益：

（1）安全、舒适和健康的工作环境。养老服务属于高强度、高压力、强风险性、强复杂性的工作，需要一定的舒适的服务场所、便利的软硬件设施，同时也需要进一步保障其人身及精神安全，增进养老服务人员心理身体上的工作愉悦感。

（2）带薪休假、轮休制度等。养老机构的工作较为庞杂，工作时间长、工作环境枯燥单一，且需要强烈的责任心、爱心，与老人沟通、服务等需要耐心、同理心，工作压力和难度巨大，因此，养老服务人员需要一定的带薪休假与轮休制度等，对于临终关怀等特殊岗位的人员，也需要一定的喘息服务支持。此外，非京籍养老服务人才在积分落户方面拥有优待政策，年老后优先入住养老机构。

（3）优秀养老服务人才，优先给予深造学习机会、优先推荐奖评、聘请作为实训基地教师。获得技师及以上职业资格证书的，可按相关规定申请建立"国家技能大师工作室"或"北京市首席技师工作室"。

（4）可以享受相应的工作补贴。一是岗位补贴：长期从事养老服务工作的人员，可以通过职业资格证书等获得相关岗位补贴，以表彰他们对养老服务事业的贡献。二是培训补贴：想要提高自己的专业素质的养老服务人才，在参加养老服务专业培训项目中可获得培训补贴。三是社会保险补贴：养老服务人才可以享受基本医疗保险、失业保险、工伤保险、养老保险等社会保险补贴，以帮助他们享有更好的社会保障。四是住房补贴：政府或者机构可以为养老服务人才提供住房补贴，以帮助他们解决住房问题。五是其他补贴：可以享受住房公积金补贴、税收优惠等其他补贴政策。

88. 为什么要建立养老服务人才的合理薪酬制度？

完善符合养老服务行业职业特点的薪酬分配制度，有助于提升养老服务从业人员的经济待遇和社会地位。构建合理的养老服务人才薪酬制度的作用包括：一是激励员工，提高工作热情和工作满意度；二是吸引人才，提高服务质量；三是维护员工权益，可以促使员工在养老服务行业立足并增强其职业服务效力；四是保证行业竞争力；五是建立员工与雇主之间的信任关系，防止人才流失走失，减少雇主培训培养损失，维护稳定的机构人力资源。

为此，北京市明确提出，根据经济社会发展状况，稳步提高养老服务从业人员薪酬水平，推动养老服务行业平均薪酬待遇原则上不低于上年度本市服务行业的平均工资水平。建立大学生入职补贴制度，对于普通高等学校、高级中等学校和职业

院校的应届毕业生和毕业一年以内的往届毕业生，凡进入非营利性养老机构、社区养老服务驿站从事养老护理工作的，由行业主管部门给予一次性入职补贴并分年发放。完善职业技能等级与养老服务人员薪酬待遇挂钩机制。

此外，为留住和吸引更多人才加入养老服务行业，应当积极改善养老服务人员的工作条件，加强职业指导、就业服务和关心关爱，加强劳动保护和职业防护，依法缴纳养老保险费等社会保险费，维护其合法权益。要畅通职业发展通道，拓宽职业发展空间，提升社会地位。

89. 北京市养老服务人才享受哪些岗位补贴政策？

为破解养老护理员来源不足、招聘困难等问题，吸引更多专业人才加入养老行业，稳定养老服务人才队伍，提升养老护理人才专业化水平，自2016年以来，北京市先后发布了《关于加强养老服务人才队伍建设的意见》《关于开展养老机构服务质量建设专项行动　全面提升养老行业服务质量的实施意见》等文件，建立养老护理岗位奖励津贴制度，为养老服务机构内的养老护理员，每月发放护理岗位奖励津贴，积极推进养老服务人才队伍建设。

（1）哪些人可以领取养老护理岗位奖励津贴？

身份条件。第一，与养老机构签订劳动合同并按规定缴纳社会保险、专职从事养老护理服务的养老护理员。第二，与养老机构签订劳务协议、专职从事养老护理服务的养老护理员。

劳务协议具体包括签订劳务派遣协议的养老护理员,以及签订劳务协议的退休人员。

职业技能条件。养老护理员须取得养老护理员职业资格证书或职业技能等级证书后,方可享受养老护理岗位奖励津贴。

表7-2　北京市养老护理岗位津贴领取资格要求

资格证书	资格认证	资格等级
养老护理员职业资格证书	经人力社保部门认定的养老护理员国家职业资格证书	包括初级工、中级工、高级工、技师、高级技师
养老护理员职业技能等级证书	经人力社保部门或教育部门认定、可开展职业技能等级认定工作的单位,均可颁发养老护理员职业技能等级证书	包括五级/初级工、四级/中级工、三级/高级工、二级/技师、一级/高级技师

2019年版的《养老护理员国家职业技能标准》,取消了教育水平的限定,增加了"一、二、三"级别,并减少了升级的周期;在专业技术层面,增加了"消防安全"、"能力评估"、"质量管理"与"养老顾问"相结合的专业技术能力,并按不同的工作级别将"失智照护"分为不同级别的工作内容和技术需求,以能力为核心的职业技能要求逐步提高。

(2) 养老护理岗位奖励津贴如何申请和领取?

补贴申请。养老护理员取得的职业资格证书或养老护理员职业技能等级证书,须经民政部门核实后,方可享受护理岗位奖励津贴。如发现证书存在造假嫌疑的,需提供在申请职业资格证书或职业技能等级证书时提交的相关材料,以备核查。

补贴标准。根据养老护理员职业技能等级进行分级补贴。具体补贴标准如下：

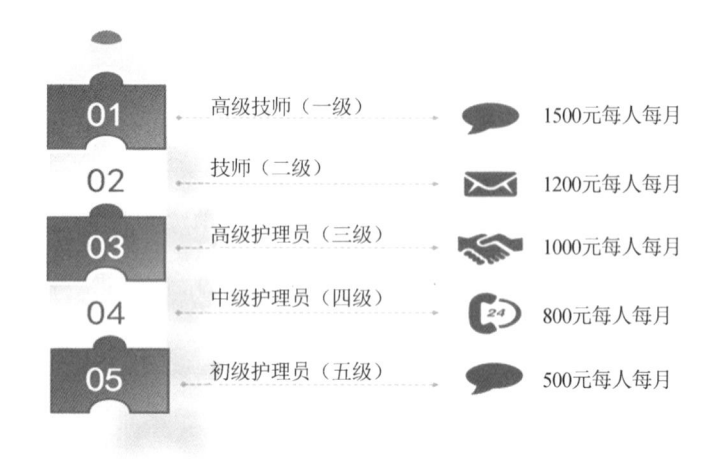

等级	类别	补贴标准
01	高级技师（一级）	1500元每人每月
02	技师（二级）	1200元每人每月
03	高级护理员（三级）	1000元每人每月
04	中级护理员（四级）	800元每人每月
05	初级护理员（五级）	500元每人每月

图7-1 北京市养老护理员岗位奖励津贴补贴标准

补贴发放。养老护理员与养老机构签订劳动合同或劳务协议，且在北京市社会福利服务管理平台即时登记人员信息时，视为入职时间（补贴发放起始时间）。奖励津贴由各区民政局通过民政资金统发监管平台直接发放给养老护理员本人，奖励津贴不得折抵养老护理员薪酬待遇。如发现养老机构违规将奖励津贴折抵养老护理员薪酬待遇情形的，经核查属实的，将纳入信用黑名单。

此外，根据《中共中央 国务院关于进一步做好下岗失业人员再就业工作的通知》，各级政府应积极开发社区服务就业岗位，重点开发面向社区居民生活服务和社区公共管理的就业岗位，以及清洁、公共设施养护等公益性岗位。政府对公益性岗位安置的就业困难人员给予岗位补贴，补贴标准参照当地最低工资标准执行。据此，符合条件的养老机构和养老护理员均可按规定申请公益性岗位补贴。

90. 当前北京市如何吸引年轻人加入养老服务队伍？

北京市为鼓励和引导毕业生进入养老服务行业，建立了毕业生入职奖励补贴制度，奖励分三年发放到位。

哪些毕业生可以享受入职奖励补贴？国家统招北京生源或北京地区普通高等院校、中高等职业学校的应届毕业生或毕业一年以内的往届毕业生，进入本市养老服务机构专职从事养老服务工作的，享受一次性入职奖励。

毕业生入职奖励补贴水平如何？对于本科及以上学历的毕业生，给予6万元的入职奖励；对于专科（高职）学历的毕业生，给予5万元的入职奖励；对于中职学历的毕业生，给予4万元的入职奖励。

毕业生入职奖励补贴是如何发放的？入职前三年分别按照补贴标准的30%、30%、40%的比例由区民政局通过民政资金统发监管平台发放至申请人本人银行账户。毕业生入职养老服务机构、签订劳动合同且在北京市社会福利服务管理平台即时登记人员信息时，视为入职时间（补贴发放起始时间）。入职奖励在工作满一年后开始发放，入职时间以签订劳动合同的起始时间为准。发放期间，申请人离开养老服务机构的，未发放部分奖励不再予以发放。补贴发放原则上每年度上半年完成，视工作进度情况，力争在每年度第一季度内完成。

> 王某，2020年7月1日毕业，取得本科学历。2021年3月1日，王某与西城区某养老机构签订劳动合同，合同期限为三年，在机构内专职从事康复护理工作。2021年12月底，民政部门通过北京市社会福利服务管理平台进行信息归集，此时，因王某入职工作年限未满一年，暂不符合发放补贴条件。2022年12月底，王某入职工作满一年，符合发放补贴条件，按照《北京市养老服务人才培养培训实施办法》规定，王某应享受6万元标准的入职奖励。2023年上半年（或第一季度），西城区民政局通过民政资金统发监管平台直接将补贴发放至王某个人银行账户，第一笔补贴资金为1.8万元（6万元×30%）。2024年上半年（或第一季度），发放第二笔补贴资金1.8万元（6万元×30%）。2025年上半年（或第一季度），发放第三笔补贴资金2.4万元（6万元×40%）。

北京市实行养老服务从业人员资格认证，证明其有相应的技能、知识水平、职业素养。进行资格认证的作用包括：一是保障养老服务质量，通过认证制度，可以确保养老服务人员具备必要的知识、技能和素质。二是促进行业规范化，规范养老行业从业人员的职业行为，重点从仪表着装、体态语言、服务流程、服务标准等方面予以规范，为老年人提供更加优质、更加贴心的养老服务，努力打造养老服务从业人员良好的社会形象，整体提升养老服务行业形象。三是维护员工权益，认证制度可以有效维护养老服务人员的职业权益。

91. 养老服务人才分类培养需要从哪些方面入手？

一是鼓励养老服务人才积极学习养老服务相关的知识和技能，鼓励各类养老机构、社区养老服务驿站科学设置专业技术岗位，重点培养和吸引医师、护师、社会工作师等相关领域专业技术人才，通过专业培养、人才吸引等多种途径，储备一批素质优良、业务精湛的养老服务专业技术人才。

二是为养老服务人才提供全面的专业培训，包括职业技能素质、养老服务医学知识、护理技能、人际沟通等，特别加强对养老机构院长、社区养老服务驿站负责人、养老企业负责人、社会组织负责人等领军人才的养老服务理论和实操培训，培养熟知养老行业法律法规、熟悉养老机构管理模式、了解养老运营业务流程、懂得养老服务质量控制的领军人物，建立养老服务领军人才储备库，打造一支高素质、懂养老、善运营的养老管理人才队伍。

三是与不同岗位和级别的养老服务人员进行有效沟通，积极倾听他们在实际工作中的意见和建议。

四是开展养老护理知识技能进家庭、进社区活动，开展照护知识和技能培训讲座与推广，逐步将老龄人才和老人子女亲属吸纳到养老护理人才队伍。

五是建立养老服务人才培训基地，支持将条件较好的社会办养老机构挂牌成为高等院校和职业学校的实习实训基地，经教育部门和行业主管部门认定验收后，由行业主管部门给予一次性以奖代补支持，为各院校相关专业学生提供实习岗位。

92. 北京市为养老服务人才提供哪些培训服务？

2017年北京市民政局发布《关于加强养老服务人才队伍建设的意见》，坚持"政府引导、分类培养、互通互认、规范管理"的方针，推动养老服务人才专业化和职业化发展。当前，北京市正在着手建立市、区、养老服务机构分级分层培训体系，按照分类培训、分层培训、全员培训的设计，进一步健全分级分层培训体系，每年对养老服务人才开展一次全员培训。

（1）什么是养老服务人才分层分级培训体系？

目前，北京市养老服务人才培训主要划分为护理员职业技能培训（入职培训）和从业人员技能提升培训两大类。具体分层培训体系设计如下：

市民政局：每年组织实施全市养老服务机构负责人培训，以及专业技术人员能力提升示范性培训。

区民政局：每年组织开展养老服务机构的养老护理员职业技能培训和市级培训外的养老服务人才能力提升培训。

养老服务机构：根据行业主管部门要求，每年开展养老护理员入职培训。入职培训由养老服务机构结合自身实际情况，自行组织开展，所需资金由养老服务机构负担。养老服务机构组织新入职人员参加养老护理员职业技能培训的，可视同已进行了入职培训。

（2）北京市对养老服务人才培训如何提供政策支持？

当前北京市主要建立了养老护理员职业技能培训制度和养老服务人才能力提升培训两项核心培训制度。

养老护理员职业技能培训。按照《北京市养老护理员职业技能培训实施方案》实施，由具备资质条件的本市各类院校、社会培训机构组织，为养老服务机构、社区养老服务驿站专职从事养老护理服务工作、在法定劳动年龄内的本市城乡劳动者和外省市来京务工人员开展职业技能培训。养老护理员经职业技能培训后，考核合格取得培训结业证书的，按照每人1500元标准给予培训机构培训补贴。

养老服务人才能力提升培训。由市、区民政局通过政府采购方式委托专业培训机构组织开展，培训时间不少于40学时（1800分钟），培训内容参照国家及本市养老院院长、养老护理员、老年社会工作者、医疗专业技术人员、心理咨询师等教育培训大纲及教材执行。由组织者分别委托市、区养老行业协会组织培训考试，培训合格取得结业证书的，按每人1500元的标准给予培训机构培训补贴。

养老护理员职业技能培训所需资金从本市职业技能提升行动专项资金列支。职业技能培训提升行动结束后，职业技能培训补贴按照市政府相关文件执行。养老服务人才能力提升培训资金和组织考试经费按照实施层级分别纳入市、区财政年度预算安排。培训补贴由市、区民政局依据管理平台归集的取得培训合格证书养老护理员人数，通过金融机构向培训机构发放。

93. 北京市如何实施"康养职业技能培训计划"？

2021年1月27日，北京市人力资源和社会保障局、北京市民政局等部门联合发布《关于实施北京市康养职业技能培训计划的通知》，从建立培训制度、提升能力水平、加大培训供给、促进职业发展四个方面，提出了北京市实施康养职业技能培训的主要工作。2020—2022年的工作要求包括：

一是完善培训制度建设。 全面推行康养服务人员就业上岗前培训、岗位技能提升培训、转岗转业培训。依托院校、企业、社会团体、职业培训机构、公共实训基地、养老服务机构、儿童福利机构等，积极面向有意愿从事康养服务的各类人员开展培养培训。加强康养服务实训基地建设，支持有条件的企业兴办培训实训机构。

二是强化能力提升培训。 将法律知识、职业道德、从业规范、质量意识、卫生健康、疫情防控等要求以及心理学、营养学等方面的内容贯穿培训全过程。适当增加智能技术运用等培训内容；加强失能失智人员照护、老年人照护、康复护理服务、饮食起居照料、生活家务料理、婴幼儿照护、儿童照护、意外伤害预防与处理等方面的岗位技能培训。

三是加大培训供给力度。 支持健康照护、养老、家政、托育服务等康养服务企业发展，加强产教融合、校企合作，推动建设产教融合型企业。鼓励和支持有关职业院校开设健康管理（健康服务与管理）、康复保健、老年保健与管理（老年服务与管理）、护理（养老护理员、育婴员、保育员、孤残儿童护理员）、家政服务与管理（家政服务）、公共营养保健等相关专业，强化理论知识和工作实训，加强高层次、综合性专业人才培养。

四是促进职业发展。 以政府激励为引导，充分发挥市场机制作用，提升从业人员经济待遇和社会地位，增强职业吸引力。开展技能人才评选表彰工作时，可适当向康养服务人员倾斜。

鼓励市场主体建立从业人员薪酬待遇与职业技能等级和服务内容、时间、难易等挂钩机制，实现技高者多得，多劳者多得。大力开展康养服务人员职业技能竞赛，按照有关规定对获奖选手予以奖励，并晋升相应的职业技能等级。加强对康养服务人员的职业指导、就业服务和关心关爱，维护其合法权益。

94. 国际社会关于养老服务人才队伍建设有哪些典型做法？

国际社会关于养老服务人才培养及队伍建设形成了丰富的经验，形成了不同的特色，对我国养老服务人才培养具有重要启示和借鉴参考价值。本书重点介绍德国、英国、日本、美国等发达国家的主要职业类别及其培养做法。

（1）德国的"养老助手"和"养老护士"

德国的养老护理员分为"养老助手"和"养老护士"，两者的职能是不同的，养老助手主要协助养老护士完成老年照护工作，缓解养老护士的压力，并且能够对养老护士起到监督作用。德国的养老护理员的地位比较高，社会认可度高。

老年护理教育分三个层次，分别为中专、专科培训和本科，主要为中专，主要培训对象为老年护士和老年护士助手。年满16岁且身心健康的人均可以申请参加养老护理员培训。经过一年半左右的学习与考试，毕业后即可获得国家认可的"老年护士助手"资格，可以在德国境内的护理院从事"老年护士助手"的工作。通过三年学习和考试毕业后可获得国家承认的"老年护士"资格，可在欧盟任何一个国家执业。护士助手的培养以基础护理教育为主。在校学习时间和实习时间比例是相同的，穿插进行。实现双轨式职业教育及双证书制度，而护士教育则更着重于学生独立工作和综合思考的能力。值得注意的是，德国的养老护理员培训多为"外包"，为"校企合作型"产业。

（2）英国的"护理助手"

在英国，养老护理人员主要由护理助手、护士和管理者组成。为老年人提供的护理也包括正式护理和非正式护理，正式护理就是由专业人员提供的专业化护理，非正式护理则是由配偶、子女、亲属等提供的照护，这两者不存在取代的关系，是相辅相成的。

英国目前对照护员仍没有非常明确的界定，一般将照护员视为护理助手，是指提供健康、教育与社会服务，受雇于儿童之家、老人院或其他机构，在残疾、虚弱、疾病及不能自理的患者家中提供个性化护理工作的社会工作者。照护员负责一般的基础护理工作，护士负责护理专业性较强的护理工作。

在英国，照护员的分级与国家职业资格（NVQ）认证相匹配，在NVQ中，职业分为五个等级。一般由注册护士作为评估者，通过九个方面进行评估，分别是对工作场所的自然观察，对所执行活动的观察（例如铺床），其他人员的验证词，候选人对过程的解释及工作的回顾，角色扮演，对先前成果的评估，项目/任务/个案研究，口头询问及书面问答。

（3）日本的"介护福祉士"

日本养老照护人员分为护士和介护士，后者相当于我国的养老护理员。日本通过建立介护支援专门员制度，保障介护领域的服务人才培养及队伍建设。日本的老年护理机构中有专业的团队提供生活、护理和医疗服务，团队成员包括医师、护士、介护士、营养管理士、理学疗法师、义肢装具士等，在这个服务团队中，护士发挥着重要的作用；日本养老护理员的培养已与学院联合起来，从护理员的来源以及准入制度上保证了护理员的专业性，各种职业认证制度提高了养老护理员职业的门槛。

作为护理人员职业生涯提升的路标，日本制定了护理职业发展路径。需要经过介护支援初级者研修、实务者研修，考取介护福祉士职业资格证书，并最终经过国家护理人员资格考试成为认定的介护福祉士。护理人员初任研修被定位为是入门资格。今后想要在护理人员的岗位上大显身手的人，最好先取得初任人员研修的资格证书，一边工作一边提高自己的技能。另外，将来想要考取护理人员资格的话，必须完成"实务者研修"。实务者研修以450小时的课程进行，初次研修结束的话，可以免除130小时的听课时间。将来考取"国家护理人员资格证书"也会很顺利。

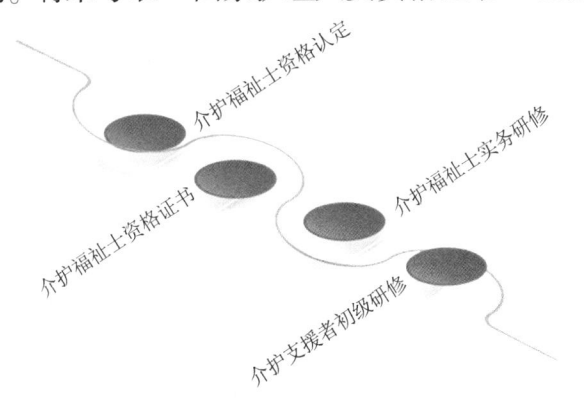

图7-2 日本护理人员职业生涯提升路径

（4）美国的"个人护理助手"

2010年美国劳动部公布的标准职业分类系统将美国的职业分为23个大类、97个中类、461个小类、840个细类，但是均没有专门护理老年人的职业。根据美国职业信息网络 O*NET 职业快速检索系统的关键字查询与分类查询以及具体的职业描述，个人护理助手这一职业的职业内容与我国养老护理员的职业内容最为匹配。除此之外，还有家庭健康助理、医务社会工作者。

个人护理助手是在服务对象家里或护理机构帮助老年人、恢复期的病人或者残疾人，照顾其日常生活的人员。个人护理助手的职业功能主要有：卫生援助、护理记录和报告、日常照料（照顾饮食、帮助家务等）、陪伴、给药、指导建议、咨询评估、培训等。职业能力要求有：语言表达和理解能力、解决问题的能力、演绎推理能力、归纳推理能力、书面理解能力、口齿清晰（被服务对象准确理解）、语音识别（准确理解服务对象的语言要求）、信息整理、细节观察力等。O*NET 显示，在美国从事该职业的人员大部分要求在职业学校接受过培训，有相关工作经验，有专科毕业证书。

第 8 章
北京市老年友好型社会建设

95. 国际社会关于老年友好的理念有哪些？

2006年世界卫生组织提出了老年友好城市的理念，将其界定为能够防止和纠正人们在变老的过程中越来越多地遇到各种问题的城市。通过老年友好城市的构建以优化老年人的健康条件、参与机会和安全保障，提升老年人的生活质量。世界卫生组织的老年友好城市理念包括三个维度：一是环境友好，在老龄化过程中为老年人提供良好方便的城市物理环境、社会文化环境和社会服务环境；二是代际友好，老年友好城市是广义上的社会成员友好，包括家庭和睦、代际和顺、社会和谐，并非只针对老年人友好；三是政策友好，政策友好是环境友好、代际友好的保障。

老年友好型城市包括哪些方面？世界卫生组织在《全球老

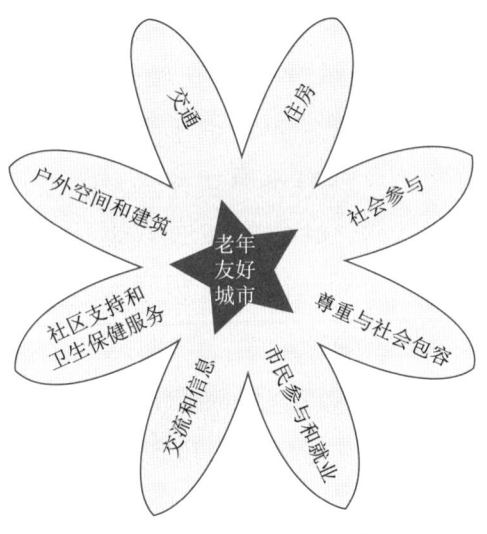

图 8-1 老年友好城市的八个方面

年友好城市建设指南》中明确提出老年友好型城市的八个主要方面，包括：户外空间和建筑、交通、住房、社会参与、尊重与社会包容、市民参与和就业、交流和信息、社区支持和卫生保健服务。

在老年友好城市中，可通过以下方面促进老年人的幸福生活：①承认老年人中存在范围广泛的能力和资源；②有预见并灵活地应对与老龄相关的需求和选择；③尊重老年人的决定和选择的生活方式；④保护最弱势的老年人；⑤促进老年人融入社区生活的所有领域并做出贡献。

世界卫生组织是如何定义老年友好环境的？2015年，世界卫生组织围绕新健康老龄化理念发布了《关于老龄化与健康的全球报告》，强调通过提供必要的环境支持，维持一定水平的功能能力，最终实现健康老龄化。在此基础上，世界卫生组织将老年友好环境定义为：通过建立和维持贯穿整个生命周期的内在能力（体力和脑力的总和），并使个体在能力范围内获得更好的功能能力，从而促进健康老龄化和积极老龄化的环境（包括居家和社区）。具体而言，老年友好环境中包括没有物理和社会层面的障碍，并通过政策、系统、服务、产品和技术的支持，一方面促进健康，在全生命周期建立和保持身心健康的能力；另一方面即使人们在能力损伤或丧失的情况下，也能继续从事他们认为重要的事情。

我国老年友好型社会建设有哪些特点？我国老年友好型社会建设吸收了国际老年友好理念中物理环境与社会环境公平性、包容性和无障碍性等思想，同时结合我国国情与实际，强调坚持传统的家庭孝老和社会敬老，培育新兴的数字助老，实现家庭、社会和国家责任的有机统一。因此,我国所倡导的老年友好型社会是一个具有孝老优良家风、敬老社会风尚、适老社会环境、养老基本保障等多重特征的社会形态。

如何营造老年友好型社会环境?我国已将构建老年友好型社会作为积极应对人口老龄化国家战略的重要内容。2021年11月,在《中共中央 国务院关于加强新时代老龄工作的意见》中指出,要从加强老年人权益保障、打造老年宜居环境和强化社会敬老三个方面着力构建老年友好型社会。2021年12月,国务院印发《"十四五"国家老龄事业发展和养老服务体系规划》,强调从传承弘扬家庭孝亲敬老传统美德、推进公共环境无障碍和适老化改造、建设兼顾老年人需求的智慧社会、培育敬老爱老助老社会风尚四个方面"营造老年友好型社会环境"。

北京市是如何推进老年友好型社会建设的?《北京市推进老年友好型社会建设行动方案(2021—2023年)》明确提出老

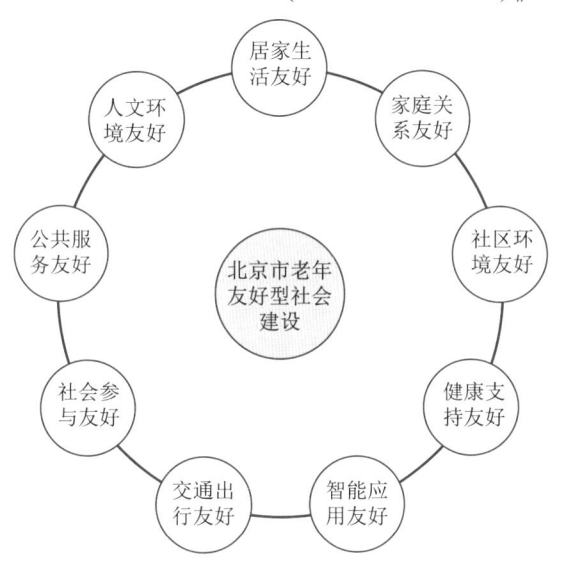

图8-2 北京市老年友好型社会建设的九个方面

年友好型社会建设的33项具体任务，涉及九个方面，分别是居家生活友好、家庭关系友好、社区环境友好、健康支持友好、智能应用友好、交通出行友好、社会参与友好、公共服务友好、人文环境友好。

96. 什么是老年友好宜居环境？

老年友好宜居环境包括哪些方面？ 老年人由于身体机能下降，对日常的居住、休憩、出行、社交等环境有不同于年轻人的要求。老年友好宜居环境就是一个能够满足老年人个体需求和社会发展的系统环境，包括政策制度环境、空间物质环境、社会人文环境等。政策制度环境在于为保障老年人权益提供法律援助与行动指南，推动老年友好宜居环境建设行稳致远。空间物质环境直接决定老年人能否满足基本生活需求，能否享有高质量生活品质，是当前老年友好宜居环境建设的关键着力点。社会人文环境在于形成孝亲、敬老、尊老、爱老、助老的社会文化环境，保障老年人享受身心健康的幸福晚年生活。

如何推进老年友好宜居环境建设？ 加强老年友好宜居环境建设是积极应对人口老龄化的重要抓手。长期以来，我国社会运行和经济发展的基础是年轻型社会，城乡基础设施与城市环境建设大多对老年群体考虑不足。随着人口老龄化向纵深发展，老年群体面临的生活环境问题越来越突出。推进老年友好宜居环境建设，打造适老化的出行环境、健康支持环境、生活服务环境、社会文化环境，既有助于实现老年个体的健康发展，又能促进老年群体的社会融入，有助于健康老龄化和积极老龄化的实现。

具体而言，适老化的出行环境需要强化无障碍通行、构建社区步行路网、发展适老化的公共交通体系、完善老年友好交通服务；适老化的健康支持环境不仅要进一步优化老年人就医环境，更要注重满足老年人的养生保健和康复护理需求；适老化的生活服务环境则需要加快配套设施规划建设、健全社区生活服务网络、加强老年用品供给、大力发展老年教育等，满足老年人对生活服务环境的便捷和舒适性要求；适老化的社会文化环境则需要营造老年社会参与支持环境，弘扬敬老、养老、助老社会风尚，倡导代际和谐社会文化，为老年人更好地融入社会、参与社会创造条件。

97. 如何衡量社区环境是否对老年人友好？

根据世界卫生组织的观点，老年友好社区是通过提供健康护理、社会参与和安全服务来提高老年人生活质量，并鼓励实现积极老龄化的社区。尽管对老年友好社区的定义有所差别，但大多强调从人与环境匹配的角度，强调老年友好社区应是一个通过完善的基础设施和服务，有效满足老年人多样化需求，让老年人可以积极参与社会活动，并实现自我价值的社区。

老年友好社区包括哪些方面？世界卫生组织提出的老年友好社区内容框架主要包括物质空间环境、社会环境和服务供应三个方面。在此基础上，其他国家或机构形成了不同的老年友好社区框架体系，如美国家庭护理政策和研究中心编制的老年友好社区基本指标体系，该体系从满足基本需求、促进身心健康及增强幸福感、尽可能让身体衰弱或残障人士能独立生活、促进社会交往及公众参与四个维度、33 个具体指标规定了老年友好社区应该满足的条件。

我国衡量示范性老年友好型社区的标准是什么？2019 年《国家积极应对人口老龄化中长期规划》中提出实施老年友好型社区建设工程。2020 年国家卫生健康委员会、全国老龄办颁布的《关于开展示范性全国老年友好型社区创建工作的通知》（以下简称《通知》）对城乡老年友好社区建设做出了具体安排，以提升社区服务能力和水平，更好地满足老年人在居住环境、日常出行、养老服务质量、老年人社会参与、精神文化生活、为老服务科技化水平六大方面的需要，探索建立老年友好型社区创建工作模式和长效机制，切实增强老年人的获得感、

第 8 章 北京市老年友好型社会建设

幸福感、安全感。《通知》中的《全国示范性城乡老年友好型社区标准》形成了评价衡量我国城镇和农村的老年友好社区指标框架，评价标准由七个主要维度构成，即居住环境安全整洁、出行设施完善便捷、社区服务便利可及、社会参与广泛充分、孝亲敬老氛围浓厚、科技助老智慧创新、管理保障到位有力。

老年友好型社区维度：
- 居住环境安全整洁
- 出行设施完善便捷
- 社区服务便利可及
- 社会参与广泛充分
- 孝亲敬老氛围深厚
- 科技助老智慧创新
- 管理保障到位有力

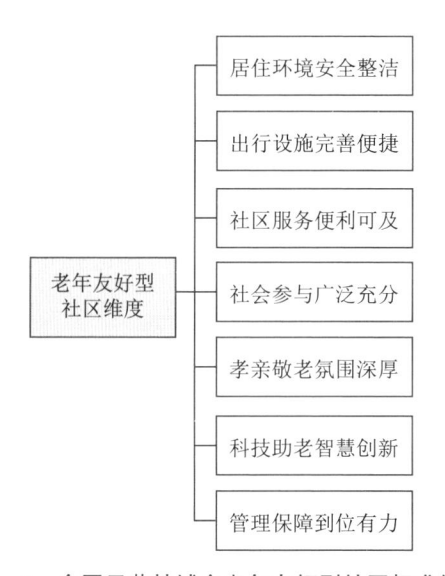

图 8-3 全国示范性城乡老年友好型社区标准维度

衡量城镇和农村老年友好社区的标准各有哪些侧重点？在七个主要维度下，根据城镇社区和农村社区的特点，分别提出各相关方面，如在居住环境安全整洁方面，城镇社区主要采用排除安全隐患、社区防火和紧急救援网络、老年人住房实施适老化改造、社区生态环境建设、生活垃圾日产日清方面的指标来评价，而对于农村社区则采用自来水入户、排除安全隐患、户厕改造、生活垃圾日产日清、河沟渠塘清洁、老年人住房实施适老化改造来评价，体现了城镇社区与农村社区在老年人居

· 213 ·

住环境安全整洁方面同中有异的特点。

根据《通知》的要求，国家卫生健康委（全国老龄办）进一步制定了《全国示范性老年友好型社区评分细则（试行）》，分别对城镇和农村老年友好型社区的指标及评分标准进行赋分和说明，从中体现了我国在促进老年友好社区环境建设中所强调的各个方面及其重要程度。这七个维度既涵盖了老年人的居所环境设施的硬件水平和便捷程度，也包括了社区养老服务的便利可及性，还强调了社区的养老文化和管理保障等软环境，不但契合世界卫生组织关于老年友好社区内容框架中的物质空间环境、社会环境和服务供应三个方面内容，也充分体现我国的国情特点，对推动老年社区建设具有重要的指导价值。

98. 如何进行社区环境的适老化改造？

社区环境是影响老年人生活质量的重要因素。老年人由于身体机能衰减，活动范围缩小，社区便成为老年人活动最频繁、场所最集中、接触人群最多的主要区域。但当前许多社区中，与老年人生活息息相关的居住环境、出行环境、健康支持环境、生活服务环境以及敬老社会文化环境等仍存在一些不宜居、不安全、不方便、不完善的问题，给老年人生活带来一定困扰。

例如，一些老旧小区缺乏电梯和无障碍通道，路面不齐整、夜间路灯不明亮，小区内行车不规范、人车混流现象突出，老年群体日常出行面临很多安全隐患；路面积灰扬尘、行车喇叭噪声、生活垃圾乱堆乱放等是影响老年人居住健康的重要因素；

公共活动空间不足、社区卫生间布局较少、缺少老年餐桌等是老年人群对宜居环境建设诉求较多的领域。

社区环境的适老化改造包括哪些方面？社区环境的适老化改造应立足社区的不同类型和特点，因地制宜，以老年人的生理和行为特点为依据，以为老年人创造安稳舒适的生活环境和尊老爱老的人文社会环境为目标，对社区内部出行环境（道路通畅、人车分流、路灯明亮、路牌指引、加装电梯、无障碍通道完善等）、社区内部活动环境（固定的室内外活动场所、老年活动中心、绿化环境等）、社区服务环境（养老驿站、居委会、物业等管理的满意度/重要度/便捷性）以及社区周边基础设施（水、电、气、管安全可用，公交、地铁、医院、购物场所等便捷可达）进行的系统性环境优化改造。

如何进行社区环境适老化改造？社区环境适老化改造的具体工程举措有很多，以下仅以图文形式举例说明：

（1）社区楼宇的单元门可进行适老化改造，确保宽度适宜轮椅通行，且能具备自动开门功能，或有自动开门按钮（图8-4）；

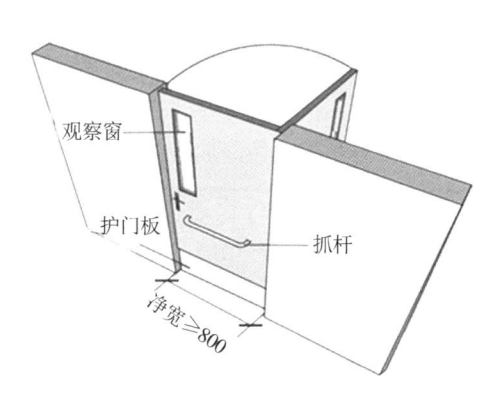

图8-4 住宅楼单元门改造示意图

（2）社区楼宇的出入口可进行无障碍改造，加装电梯以及室外安全扶手（图8-5），增设无障碍升降平台或爬楼机（图8-6）等。

图8-5 无障碍坡道实景图

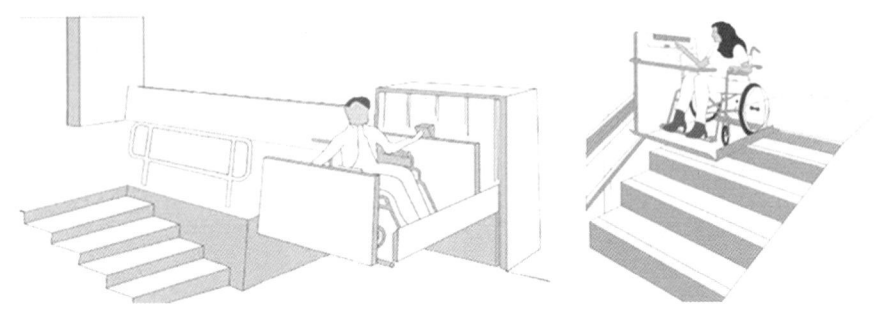

图8-6 垂直式升降平台示意图（左）和斜向式升降平台示意图（右）

（3）社区内外道路系统进行修整及无障碍改造，比如改造缘石坡道、人行道增设安全岛等（图8-7），同时优化公共交通系统，包括公交汽车上下车以及候车亭适老化改造等。

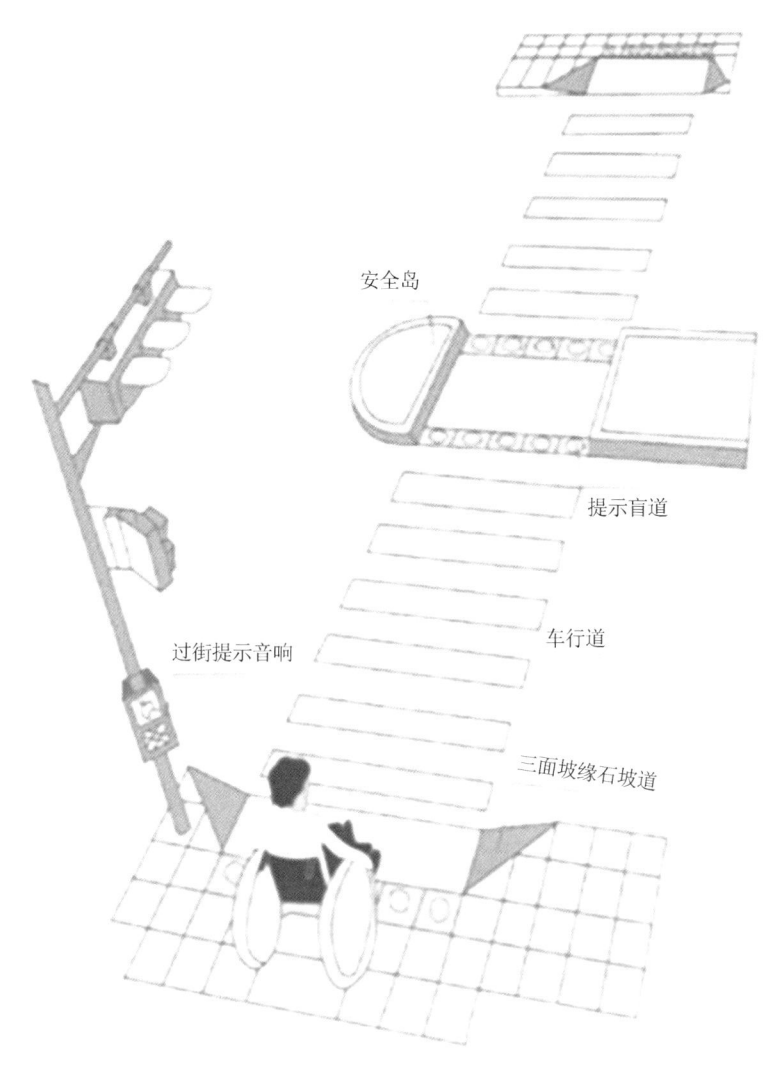

图 8-7 三面坡缘石坡道及安全岛示意图

（4）优化社区内公共空间以及公共设施，添加适合老年人活动和休息的器材以及座椅（有扶手、有靠背，最好为木质），增设无障碍公共卫生间（图 8-8、图 8-9），修建康复活动区、健身步道等体育设施以及文化活动站等。

图 8-8　适合老年人休息的座椅

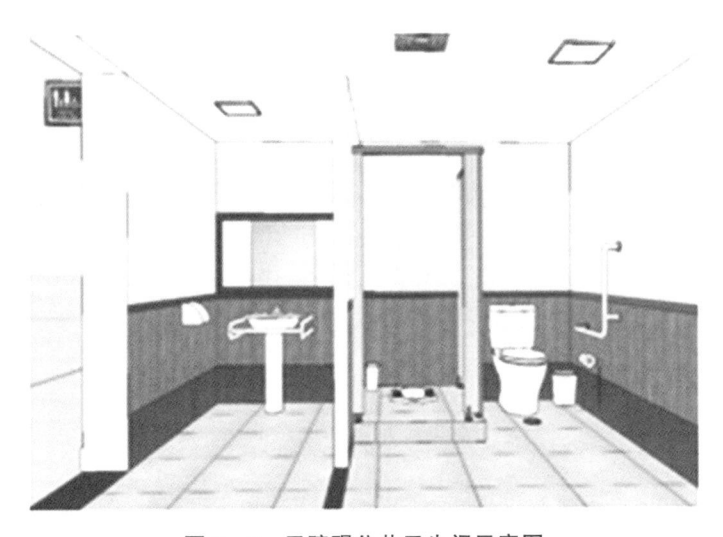

图 8-9　无障碍公共卫生间示意图

99. 什么是老年友好的住房政策?

住房是老年人生活的主要空间,在老年人养老享老的晚年生活中发挥着举足轻重的作用。因为生命周期发展的客观规律，老年人通常逐渐退出职业舞台，生理机能不断衰退，收入和社会交往等逐渐减少，因此对住房的结构、环境、基础设施等方面的需求也有新的变化。然而，老年人在住房获取和选择上都处于相对弱势地位，应受到国家和社会的更多关注。

国外有哪些老年友好的住房政策？面对日趋严重的老龄化趋势带来的老年人住房问题，我国尚处于探索阶段，而较早进入老龄化社会的发达国家在老年住房问题积累了丰富的政策经验。例如：丹麦政府出台的《老年人住宅法》中明确地对老年人居住面积的大小、基本生活设施及应急设施的配备标准进行了规定；日本相继实行《中心建筑法》《老年人居住法》等法律规范以便更好地实现对老年人住房福利的保障。

住房模式方面，德国作为较早迈入老龄化社会的欧洲国家，在住房模式上实施社区养老和多代公寓计划。社区养老介于居家养老和养老院养老之间，既能不脱离原有的人际关系，又能享受到上门护理服务。多代公寓计划指吸引老中青幼几代人共同居住到一栋公寓中，促进代与代之间的互动和帮助，提高老年人的生活质量，增强老年人晚年幸福。

代际交流方面，新加坡积极推动"居家养老"的建筑设计，开发出以起居室连通主体房和单房公寓的全龄化设计理念，既不失传统的家庭养老的优点，又能让两代人有各自的独立空间，既保持了亲密性，又保证了隐私性，极大支持与鼓励了成年子女与老年人同住。新加坡政府还依据老年人退休后的生活需求层次不同，推出乐龄公寓和退休村等多种住房类型供老年人选择。

如何完善老年友好的住房政策？结合我国国情，立足北京实际，需要逐步完善老年友好的住房政策。一是完善老年友好住房的政策环境与法制环境，建立符合市场需求的老年住房阶段性建设目标和总体规划，适当加大对老年住房开发的扶持力度，资金上予以补贴，税收上予以优惠；在老年住房设计、建设与管理服务等方面完善相应标准，为老年友好住房提供制度保障。二是建立与养老模式相匹配的住房模式，应考虑新建住房的长久使用性和改造住房的适老化；社区养老层面应提供相应的社区医疗护理和服务设施，如老年餐桌、老年健康驿站、入户医疗等服务；机构养老方面，应考虑老年社区、出售和出租型的老年公寓、照料中心、养老院和护理院等老年住房的建设，提高机构性老年住房的多样性与服务质量。三是倡导多代共住式与邻住式的居住模式，可适时推广代与代之间共同居住或邻近居住的住宅类型，增进老年人与子女之间的相处和照料。

100. 如何进行居家环境的适老化改造？

老年人居家适老化改造包括哪些项目？居家养老是绝大多数老年人的现实选择，住得舒服才能身心健康。推动老年人居家环境的适老化改造对于保障老年人身心健康、提升老年人生活质量、释放消费潜力具有重要意义。根据2020年7月15日民政部、国家发展改革委等九部门联合印发的《关于加快实施老年人居家适老化改造工程的指导意见》，老年人居家适老化改造项目主要包括地面改造、门改造、卧室改造、如厕洗浴设备改造、厨房设备改造、物理环境改造、老年用品配置等在内的7项基础类项目和23项可选类项目。

虽然国家出台了指导意见,北京、上海等城市也取得一定成效,但目前仍面临一些困难与瓶颈。主要困难是社会普遍对居家环境适老化改造认识不足,缺乏适老化改造的意识,不了解居家环境适老化改造项目的重要性,认为已经习惯当前环境,相应改造意义不大,也不愿承担相应费用。资金问题则是推动居家环境适老化改造的重要瓶颈。当前一些零星的居家适老化改造主要停留在对少数困难老龄家庭的室内环境进行优化,仅仅依靠政府承担居家适老化改造项目比较困难,大多数还是需要政府、社会、家庭共同承担。

如何进行居家环境的适老化改造?居家环境适老化改造的具体工程举措同样有很多,以下以图文形式简要举例说明:

(1) 室内防滑垫铺设

在室内厕所、浴室铺设防滑垫可以有效预防老年人跌倒,避免因跌倒引发严重的健康问题。

图 8-10 室内厕所、浴室防滑垫铺设示意图

(2) 室内厕所改造

卫生间蹲式坑位建议改造为坐式,条件不完全具备的家庭可采用简易的外置辅助设施,易操作实施,成本也低(图8-11)。对已有的坐式马桶,则建议添加马桶安全扶手(图8-12)。

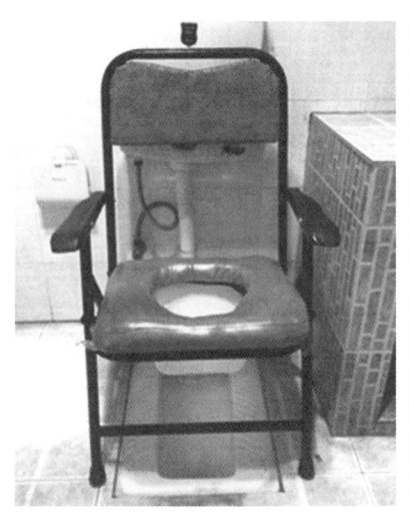

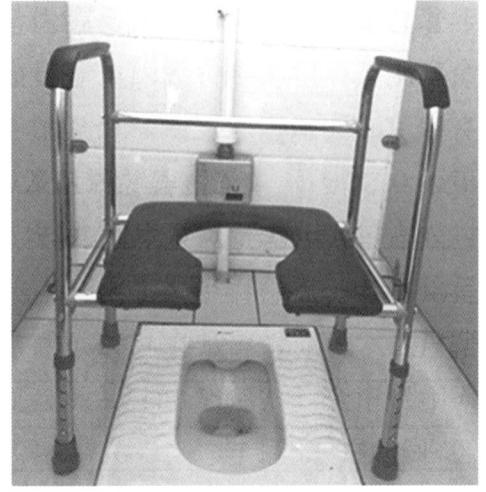

图 8-11 蹲式坑位改造示意图

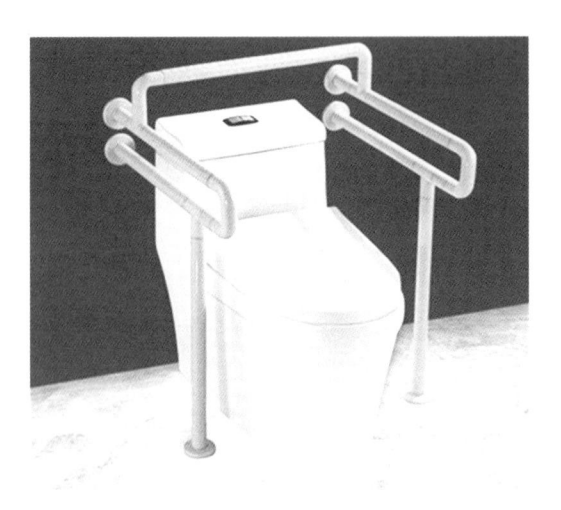

图 8-12 坐式马桶改造示意图

(3) 室内浴室、厨房等墙面改造

建议通过需求调查，考虑所住老人身高尺寸以及自理情况，在浴室、厨房等墙面增设或改造安全扶手。

图 8-13　浴室厕所安全扶手改造示意图

(4) 室内房门改造

拆除室内门槛，更换并扩宽房门，方便依靠轮椅和拐杖出行的老人（图 8-14）。

图 8-14　室内门槛拆除、拓宽，方便轮椅通行

101. 什么是老年友好的交通环境？

老年友好的交通环境是充分满足和支持老年人日常活动的交通政策、交通规划、交通设施等要素的系统集合。"出行即健康"，老年友好的交通环境建设事关老年人的安全与生活质量。

我国有哪些老年人出行无障碍的环境建设制度？我国已基本形成老年人出行无障碍环境建设制度框架：一是基本形成了环境无障碍标准体系。《中华人民共和国老年人权益保障法》明确规定国家制定无障碍设施工程建设标准，新建、改建和扩建的公共基础设施应符合国家无障碍环境建设的标准。二是提出了老年友好环境建设的具体措施。全国老龄办发布《关于进一步加强老年人优待工作的意见》，明确提出"要重点做好居住区、城市道路等公共场所的无障碍设施建设，推进坡道、电梯等公共设施改造，配备老年人出行辅助器具。公共厕所应配备方便老年人使用的无障碍设施"。2018年交通运输部等多部门出台《关于进一步加强和改善老年人残疾人出行服务的实施意见》，明确提出要加快无障碍交通基础设施建设和改造、提升出行服务品质、优化出行政策体系，以满足广大老年人和残疾人安全、便捷、舒适、温馨的无障碍出行服务需要。

老年友好的交通环境包括什么内容？老年友好的交通环境主要包括以下三方面：一是无障碍慢行交通系统，如提供健康步道、道路防滑、夜间照明等；二是公共交通候车环境，如视野宽广的候车区域、缘石坡道及地铁无障碍等候区与低底盘公交等；三是公共交通信息化服务，如智能导引、到站提示、鲜明的站点显示与候车等待时间等。

具体而言，城市中人行横道信号灯绿灯时长应依据老年人出行实际设定，确保老年人安全通过；新建地下通道、人行天桥应设置供轮椅推行的平缓坡道，地面公交站台的设置应方便老年人候车和上下车，具备条件的应设置座椅；老年人现场购票、换乘优先安排；提高无障碍公交车占比，提供无障碍导乘系统，增加无障碍车辆标识（图 8-15）、语音播报等功能，方便老年乘客等群体出行。

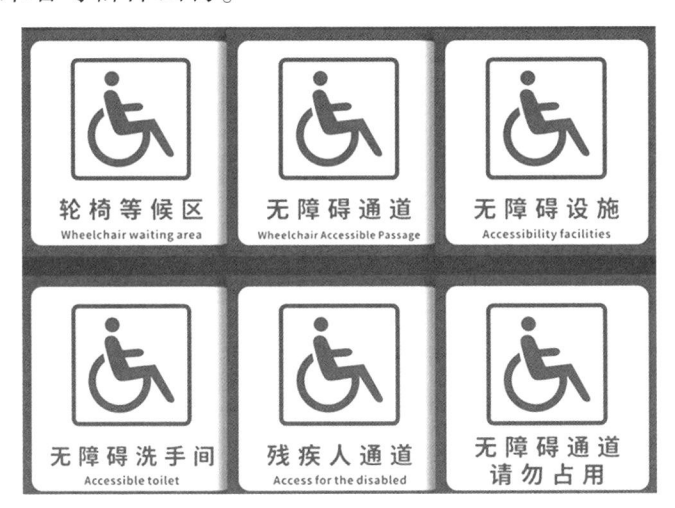

图 8-15　常见无障碍标识

102. 如何在老年人使用的辅助器具设计中体现老年友好的理念？

聚焦老年群体，设计研究和建设开发符合老年人生理和行为特点的城乡环境以及养老用品是支撑健康老龄化、提升生活质量的必要保障。围绕满足老年人日常生活需求，应坚持老年友好的设计理念：一是要实用，在进行环境、器具设计时，必须考虑符合老年群体特征，保障老年人在各种环境中的安全，并最大限度满足老年人在生活、心理、精神等方面的基本功能需求；二是要舒适，考虑到老年人的活动特征与身心健康水平，设计应达到让人使用舒适的目的，从而提升老年人获得感、幸福感；三是要便捷，方便老年人使用并提升效率，从而维护老年人尊严，大幅提升独立生活能力。

老年人辅助器具主要是由老年人使用的，特殊生产的或通常可获得的用于预防、代偿、监测、缓解或降低老人生活风险的产品、器具、设备或技术系统。根据第四次中国城乡老年人生活状况抽样调查结果，老年人口中失能、半失能老年人大致为4063万人，占老年人口比重的18.3%。对于失能、半失能老年人的照顾护理，轮椅、拐杖、助行器、助听器等老年友好的辅助器具是不可或缺的用品。

基于老年友好设计理念的老年人常用辅助器具主要包括（图8-16）：

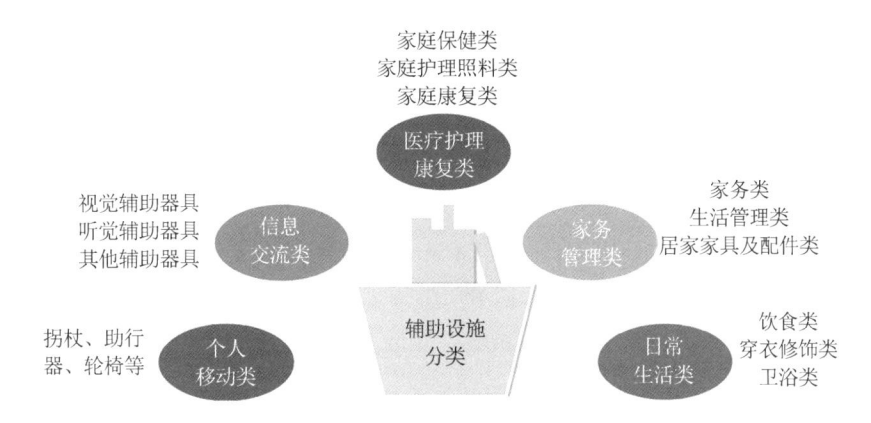

图 8-16　辅助设施分类

（1）日常生活类

比如饮食自助用具，包括供半身麻痹老人使用的筷子，握柄可以弯曲的叉、匙，配有绑带的匙子及特殊形状的杯子和碗等；还有上文提到的无障碍卫生间扶手、马桶等设施。

| 助食筷子 | 助食叉子 | 助食勺子 | 流食杯 |

图 8-17　常见老年饮食自助用具

（2）家务管理类

比如穿衣、穿鞋辅助杆，帮助行动不便的老年人生活自理。长柄拾物器，便于老年人捡拾地上物品，拿取高处物品。

（3）医疗护理康复类

比如气垫床（适用长期卧床，减轻局部组织受压，预防压

· 227 ·

疮）、翻身枕（预防皮肤长期受压，协助翻身）、护理床（能够调节背部或脚部倾斜角度，或能够自由调整床的高度）等。

（4）信息交流类

比如智能手环和电子表等，这些设备可以提示老年人久坐、吃药、睡眠、运动时间。目前也有企业在研发老年人陪护机器人。

（5）个人移动类

主要包括步行辅助器、拐杖、轮椅、移动用升降机等。

103. 老年友好社会文化氛围的核心内容应包括哪些？

营造老年友好的社会文化氛围是老年友好社会建设的重要内容。传承弘扬家庭孝亲敬老传统美德、培育敬老爱老助老社会风尚构成了老年友好社会文化环境的核心。

孝亲敬老包括哪些内容？ 孝亲敬老是中华民族的传统美德。新时代孝亲敬老文化的内涵可分为价值观念和社会实践两个层面。在价值观层面，孝亲敬老文化是社会主义核心价值观的组成部分。社会主义核心价值观即"富强、民主、文明、和谐，自由、平等、公正、法治，爱国、敬业、诚信、友善"。在社会实践层面，孝亲敬老是指在尊重老年人自主性的基础上，给予老年人经济支持、生活照顾和精神慰藉等支持，并建设与之相匹配的文化氛围、制度安排和生活环境。

孝亲敬老在微观个人家庭层面和宏观社会层面都有新的体

现。在家庭层面主要体现为构建代际平等和谐的家庭关系。家庭成员负有赡养扶助老人的责任和义务,要倡导家庭成员弘扬中华民族传统孝文化,提升家庭成员对老年人经济上供养、生活上照料和精神上慰藉的行动自觉,尊重、关爱老年人,同时老年人自身也是养老的第一责任人。孝亲敬老在社会层面主要体现在构建养老、孝老、敬老政策体系和社会环境。在社区营造和谐邻里关系,广泛参与睦邻互助。选树新时代孝亲敬老先进典型,营造尊老敬老助老社会风尚。

如何营造老年友好的社会文化氛围?营造老年友好的社会文化氛围必须消除对老年人的歧视,保障老年人的合法权利。年龄歧视泛指根据年龄形成的负面模式形象和贬低性评价,受歧视者更容易被剥夺获得机会、资源和各种待遇方面的平等。相对于其他年龄的人,由于年龄增长伴随而来的衰老,使得针对老年人的年龄歧视更为常见。年龄歧视是剥夺或侵犯老年人权利的一种手段。对老年人的负面形象和贬低会导致社会对老年人漠不关心，使之被边缘和隔离，使他们难以平等地享受各种应有的权利。为了消除年龄歧视，世界卫生组织提出的有效措施包括：开展沟通活动，提高媒体、公众、政策制定者、雇主和服务人员对老龄化的认识和理解；立法反对年龄歧视；确保媒体能够客观公正地报道老龄问题，例如应当减少为追求轰动效应而报道专门针对老年人的犯罪活动。

营造老年友好的社会文化氛围要在全社会树立积极老龄观和积极老龄化的价值理念。在全社会开展人口老龄化国情教育、老龄政策法规教育，引导全社会增强接纳、尊重、帮助老年人的关爱意识和老年人自尊、自立、自强的自爱意识。要积极看待老龄社会，积极看待老年人和老年生活。老年是人的生命的重要阶段，是仍然可以有作为、有进步、有快乐的重要人生阶段。新时代倡导孝亲敬老社会风尚的同时也强调老年人的自主性和能动性，引导老年人树立终身发展理念，积极面对老年生活，继续参与社会发展。

北京市在推进老年友好社会文化氛围建设方面有什么方案？《北京市推进老年友好型社会建设行动方案（2021—2023年）》对如何推进家庭关系友好、人文环境友好、社会参与友好提出了行动方案。家庭关系友好方面包括倡导亲情陪伴，完善家庭照护支持政策，研究制定子女照料老人护理假制度。强调传承良好家风。鼓励子女与年老体弱、需要照料的老年家庭成员共同或就近居住。在人文环境友好方面将加强人口老龄化国情市情教育，营造敬老爱老助老氛围。在推进社会参与友好方面，北京市将加大老年人力资源开发，引导有劳动能力和就业意愿的老年人继续就业。具体行动方案包括重视珍惜老年人的知识、技能、经验和优良品德，发挥老年人的专长，鼓励其在自愿和量力的情况下，从事传播文化和科技知识、参与科技开发和应用、兴办社会公益事业等社会活动。加大老年人力资源开发，引导有劳动能力和就业意愿的老年人继续就业。

104. 如何构建数字包容社会？

什么是数字包容？数字包容是指信息通信技术在社会生活的各个层面促进均衡和社会参与的程度。在信息化时代，信息技术、智能设备的广泛应用使老年人面临的数字鸿沟问题越发凸显。如何使老年人能够享受技术进步带来的成果，跟上时代步伐，弥合年龄数字鸿沟关系到老年人的生活质量，也是实施积极应对人口老龄化国家战略的重要内容。

虽然老年人在互联网使用上呈现出人数和比例迅速提高、功能应用日渐丰富，但老年人在适应数字生活方面还存在许多问题。很多老年人与其他人群之间存在的数字鸿沟阻碍了他们充分融入数字社会，日常生活则面临重重困难。数字鸿沟是指社会群体在应用信息通信技术的过程中所产生的各种不平等，从数字技术利用的角度一般分为"接入沟""使用沟""知识沟"。老年人数字融入的"接入沟"主要表现为仍有大量老年人没有接入互联网或未能拥有数字设备等。老年人数字融入的"使用沟"则是由于社会或是自身因素等导致老年人在数字技术使用上存在困难。而老年人数字融入的"知识沟"是指利用数字技术产生的效果差异，使老年人在信息获取、信息处理与信息运用上面临困难。

构建数字包容的老龄社会有哪些政策？弥合老年数字鸿沟、构建数字包容性社会要从加强老龄社会治理高度统筹解决。在积极应对人口老龄化国家战略指导下，切实贯彻《关于切实解决老年人运用智能技术困难的实施方案》《互联网应用适老化及无障碍改造专项行动方案》《北京市推进老年友好型社会建设行动方案（2021—2023年)》等政策方案，遵循一个核心，从三个角度切入，由五个主体联动共同实现。一个核心即秉持以人为本的思想，尊重老年人的实际情况，切实考虑老年人的需求和面临的特殊困难，为老年人提供公平享受各类公共服务和互联网红利的机会。三个角度即客观技术角度、数字包容的社会环境角度、发挥老年人主体能动性角度。五个主体即构建政府引导、市场主动、社会联动、家庭支持、老年人参与的"五位一体"新格局。

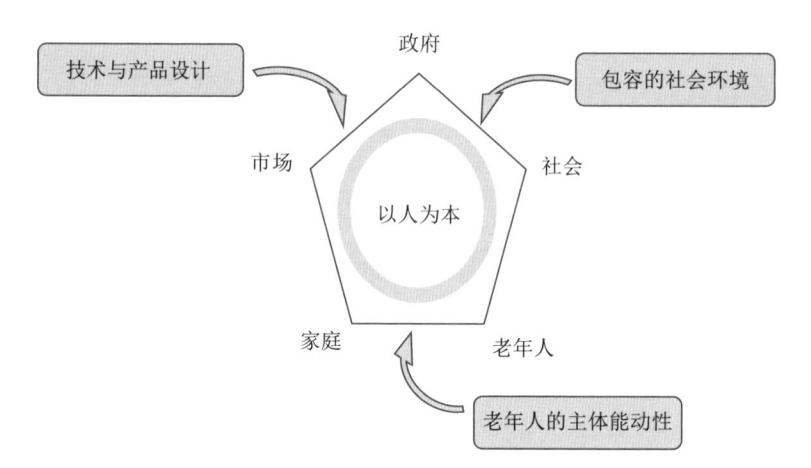

图8-18 构建数字包容的老年友好社会

北京市老年智能应用友好建设包括哪些内容？根据《北京市推进老年友好型社会建设行动方案（2021—2023年)》，智能应用友好社会建设的主要任务包括：加大适老化智能终端产品的研发力度，全面推进"智慧助老"专项行动，加大对网络诈骗的打击力度。

在研发智能产品方面，加强智能技术运用宣传，引导老年人正确认识网络信息和智能技术，消除畏惧情绪和排斥心理。加大适老化智能终端产品的研发力度，满足老年群体对可穿戴设备等智能产品的多元化需求。推进互联网应用适老化改造，优化界面交互、内容朗读、操作提示、语音辅助等功能，落实好涉老智能产品与服务标准规范。

在推进智慧助老方面，整合社会资源，全面推进"智慧助老"专项行动，解决老年人运用智能产品的技术障碍。鼓励家庭成员加强对老年人运用智能技术的辅导，帮助老年人提升智能技术运用能力。

在强化信息化服务方面。加强涉老信息和数据的整合力度，通过多源数据的信息协同，为社会和老年人提供精准、方便、快捷的信息化服务。加大对网络诈骗、电子通信诈骗案件的打击和曝光力度，加强监测和监督，做好安全防护和风险控制。推广物联网和远程智能安防监控技术，降低老年人意外风险。

第9章

北京市老年人权益保障

105. 老年人权益受哪些法律保护？

保护老年人权益，依据的不只是一部或几部法律，而是一个"法律群"，群里的法律从不同的角度尽可能周全地保护老年人各方面的权益。这里所说的"法律"，是广义的概念，包括全国人大颁布的法律、国务院颁布的行政法规及各职能部门发布的部门规章及规范性文件、地方人大颁布的地方性法规及地方政府发布的地方性规章等。

下面介绍"群里"的主要法律：

（1）《中华人民共和国宪法》

《中华人民共和国宪法》规定：老年人有从国家和社会获得物质帮助的权利；成年子女有赡养扶助父母的义务；禁止虐待老人。宪法作为根本法、最高法，是制定其他专门法律的依据。

（2）《中华人民共和国老年人权益保障法》

它是专门法、特别法，专门保护老年群体的特殊权益。其中明确规定了老年人在家庭生活中和社会生活中的各类权益与保障，包括家庭赡养与扶养、社会保障、社会服务、社会优待、宜居环境、参与社会发展等。同时，还规定了老年人权益被侵害时的救济方式，为老年人提供了调解、诉讼、行政监督等多种权利救济方式，以便让老年人根据不同的情形，按照自己的意愿做出不同选择，切实维护自身合法权益。通过专门立法，弘扬中华民族敬老、养老的传统美德，保障老年人的合法权益，使他们老有所养、老有所医、老有所为、老有所学、老有所乐。

(3) 其他有关老年人权益保护的法律

保护老年人合法权益，并不仅限于《中华人民共和国老年人权益保障法》，还有涉及人身权、财产权、婚姻权、继承权保护的民法制度，主要是《中华人民共和国民法典》；涉及劳动权、继续就业权保护的劳动法律制度、就业促进法律制度；涉及养老保险、医疗保险等权益保护的社会保险法律制度；涉及医疗卫生与健康权益保障的基本医疗卫生与健康促进法律制度；涉及老年人文化权益保护的公共文化服务保障法律制度等。

(4) 党中央国务院及相关职能部门有关老年人权益保护的法规、规章和政策性文件

在2000年中共中央、国务院印发《关于加强老龄工作的决定》之后，初步形成了以《全面放开养老服务市场提升养老服务质量的若干意见》《关于制定和实施老年人照顾服务项目的意见》《"十四五"国家老龄事业发展和养老服务体系规划》《中共中央 国务院关于加强新时代老龄工作的意见》等为纲领性文件，以及社会保障、社会养老服务、健康支持、老龄产业发展、老年友好宜居环境、老龄科技创新、老年人社会参与等老年人权益保障的具体法规政策体系。

(5) 有关老年人权益保护的地方性法规及规章

依据《中华人民共和国老年人权益保障法》，地方人大和政府制定了老年人权益保障相关的地方性法规、规章或政策性

文件，如《北京市老年人权益保障条例》《北京市民政局关于贯彻落实新修改的〈中华人民共和国老年人权益保障法〉的通知》等。也有的地方针对老龄工作中最突出的问题和需求，制定相对具体的单项法规，如北京市制定了《北京市居家养老服务条例》等。还有一些地方出台了养老服务促进相关法规，如宁夏回族自治区制定了《宁夏回族自治区养老服务促进条例》等。

106. 老年人有哪些特殊权益？

依据现行法律，老年人作为社会中的一个特殊群体，除了作为公民应依法享有的权益外，根据其自身的特点和需要，还享有我国法律、法规规定的特殊权益。老年人的特殊权益主要包括以下几个方面：家庭赡养与扶养、社会保障、社会服务、社会优待、宜居环境、参与社会发展。

（1）关于家庭赡养与扶养

《中华人民共和国老年人权益保障法》规定：国家建立和完善以居家为基础、社区为依托、机构为支撑的社会养老服务体系。居家养老，是中国特色的养老方式，是绝大多数老年人愿意选择的养老方式。而在居家养老中，赡养人与扶养人的尽心尽责至关重要。

赡养，是晚辈对长辈的供养；扶养，是同辈之间的供养。赡养人，是指老年人的子女以及其他依法负有赡养义务的人，赡养人的配偶应当协助赡养人履行赡养义务。老年夫妻之间有相互扶养的义务，属于同辈间的供养；由兄、姐扶养的弟、妹成年后，有负担能力的，对年老无赡养人的兄、姐有扶养的义务，也属于同辈间的供养。

赡养包括对老年人进行经济上的供养、生活上的照料和精神上的慰藉三大方面。赡养人要支付必要的生活费，保证老年人的基本生活需要，使患病的老年人得到及时的治疗和护理。当老年人因患病卧床、行动不便等原因，致使生活不能自理时，

赡养人要照顾老年人日常饮食起居。赡养人不能亲自照料的，可以按照老年人的意愿委托他人或者养老机构等照料。赡养人应关心老年人的精神需求，尽力使老年人的晚年生活过得愉快、舒畅，与老年人分开居住的家庭成员应当"常回家看看"。

（2）关于社会保障

国家通过基本养老保险制度、基本医疗保险制度，保障老年人的基本生活和基本医疗需求。

国家逐步开展长期护理保障工作，保障老年人的护理需求。对生活长期不能自理、经济困难的老年人，地方各级人民政府应当根据其失能程度等情况给予护理补贴。以北京为例，北京逐步推行长期护理保险制度，为失能老人提供基本生活照料和与基本生活密切相关的医疗护理。《北京市老年人养老服务补贴津贴管理实施办法》（京民养老发〔2019〕160号）规定，根据能力综合评估，将老年人的失能程度分为三级，分别给予每人每月600元、400元、200元的护理补贴。

国家对经济困难的老年人给予基本生活、医疗、居住或者其他救助；老年人无劳动能力、无生活来源、无赡养人和扶养人，或者其赡养人和扶养人确无赡养能力或者扶养能力的，由地方各级人民政府依照有关规定给予供养或者救助；对流浪乞讨、遭受遗弃等生活无着的老年人，由地方各级人民政府依照有关规定给予救助；地方各级人民政府在实施廉租住房、公共租赁住房等住房保障制度或者进行危旧房屋改造时，应当优先照顾符合条件的老年人。

国家建立和完善老年人福利制度，根据经济社会发展水平和老年人的实际需要，增加老年人的社会福利；国家鼓励地方建立80周岁以上低收入老年人高龄津贴制度。例如，北京市为60岁以上老年人提供多项优待福利，包括免费乘车、公园年票，以及困难老年人养老服务补贴、失能老年人护理补贴、高龄老年人津贴等多项养老服务补贴。上海市面向本市户籍65岁以上的老年人，将交通出行、营养保健等单项补贴政策，统一为综合性老年福利政策，分不同年龄段每月给予75元至600元不等的补贴。此外，政府根据经济发展以及职工平均工资增长、物价上涨等情况，适时提高养老保障水平。

（3）关于社会服务

主要通过政府、社会、市场为老年人提供生活照料、紧急救援、医疗护理、精神慰藉、心理咨询等多种形式的服务。

地方各级人民政府和有关部门、基层群众性自治组织，应当将养老服务设施纳入城乡社区配套设施建设规划，建立适应老年人需要的生活服务、文化体育活动、日间照料、疾病护理与康复等服务设施和网点，就近为老年人提供服务。例如，北京市大力发展社区养老服务驿站，累计建成运营1000余家，让老年人在家门口吃上"暖心饭"，就近享受身体康复服务，通过智能呼叫系统解决日常生活照料、居家安全隐患、情感关怀缺失、突发疾病无人知晓等空巢老年人的实际困境。

各级人民政府和有关部门应当将老年医疗卫生服务纳入城乡医疗卫生服务规划，将老年人健康管理和常见病预防等纳入国家基本公共卫生服务项目。鼓励为老年人提供保健、护理、临终关怀等服务。

（4）关于社会优待

县级以上人民政府及其有关部门根据社会经济发展情况和

老年人的特殊需要,制定优待老年人的办法,逐步提高优待水平。

各级人民政府和有关部门应当为老年人及时、便利地领取养老金、结算医疗费和享受其他物质帮助提供条件;办理房屋权属关系变更、户口迁移等涉及老年人权益的重大事项时,应当就办理事项是否为老年人的真实意思表示进行询问,并依法优先办理;老年人因其合法权益受侵害提起诉讼交纳诉讼费确有困难的,可以缓交、减交或者免交;需要获得律师帮助,但无力支付律师费用的,可以获得法律援助;医疗机构应当为老年人就医提供方便,对老年人就医予以优先;有条件的地方,可以为老年人设立家庭病床,开展巡回医疗、护理、康复、免费体检等服务;城市公共交通、公路、铁路、水路和航空客运,应当为老年人提供优待和照顾;博物馆、美术馆、科技馆、纪念馆、公共图书馆、文化馆、影剧院、体育场馆、公园、旅游景点等场所,应当对老年人免费或者优惠开放。

(5) 关于宜居环境

国家采取措施,推进宜居环境建设,为老年人提供安全、便利和舒适的环境。

各级人民政府在制订城乡规划时,应当根据人口老龄化发展趋势、老年人口分布和老年人的特点,统筹考虑适合老年人的公共基础设施、生活服务设施、医疗卫生设施和文化体育设施建设。

国家制定和完善涉及老年人的工程建设标准体系,在规划、设计、施工、监理、验收、运行、维护、管理等环节加强相关标准的实施与监督;国家制定无障碍设施工程建设标准。新建、改建和扩建道路、公共交通设施、建筑物、居住区等，应当符合国家无障碍设施工程建设标准；各级人民政府和有关部门应当按照国家无障碍设施工程建设标准，优先推进与老年人日常生活密切相关的公共服务设施的改造。

（6）关于参与社会发展

国家和社会应当重视、珍惜老年人的知识、技能、经验和优良品德，发挥老年人的专长和作用，保障老年人参与经济、政治、文化和社会生活。

老年人可以通过老年人组织，开展有益身心健康的活动。制定法律、法规、规章和公共政策，涉及老年人权益重大问题的，应当听取老年人和老年人组织的意见。老年人和老年人组织有权向国家机关提出老年人权益保障、老龄事业发展等方面的意见和建议。

老年人参加劳动的合法收入受法律保护。任何单位和个人不得安排老年人从事危害其身心健康的劳动或者危险作业。

老年人有继续受教育的权利。国家发展老年教育，把老年教育纳入终身教育体系，鼓励社会办好各类老年学校。国家和社会采取措施，开展适合老年人的群众性文化、体育、娱乐活动，丰富老年人的精神文化生活。

107. 老年人权益受到侵害时如何维权？

当老年人的合法权益受到不法侵害时，老年人可以依法维权。维权渠道主要有三种：一是要求有关部门进行行政监督；二是向人民调解委员会或其他有关组织申请调解；三是向人民法院提起诉讼。

依据《中华人民共和国老年人权益保障法》的规定，老年人合法权益受到侵害的，被侵害人或者其代理人有权要求有关部门处理，或者依法向人民法院提起诉讼。人民法院和有关部门，对侵犯老年人合法权益的申诉、控告和检举，应当依法及时受理，不得推诿、拖延。

老年人与家庭成员因赡养、扶养或者住房、财产等发生纠纷，可以申请人民调解委员会或者其他有关组织进行调解，也可以直接向人民法院提起诉讼。人民法院对老年人追索赡养费或者扶养费的申请，可以依法裁定先予执行。也就是说，在赡养或扶养关系明确的前提下，原告可以申请在判决生效之前要求被告人先行支付赡养费或扶养费，以解决老年人紧急的生活所需。

此外，老年人因其合法权益受侵害提起诉讼交纳诉讼费确有困难的，可以缓交、减交或者免交；需要获得律师帮助，但无力支付律师费用的，可以获得法律援助。政府鼓励律师事务所、公证处、基层法律服务所和其他法律服务机构为经济困难的老年人提供免费或者优惠服务。

当自身权益受到侵害时，老年人常常选择"忍"。有的老年人不知如何运用法律保护自己，只能忍气吞声；多数老年人认为"家丑不可外扬"，打官司是"丢人"的事儿；有的老人则是担心诉至法院后会恶化与子女的关系，一旦"撕破脸"，可能使自己的晚年生活更加无所依靠。

事实上，"剪不断，理还乱"的亲情关系下的纠纷，的确不能简单地一判了之。由于传统观念、亲情血缘关系的影响，此类案件的审理和执行都非常难。老年人可以首先向居委会、村委会、各级政府、民政部门或老龄工作机构、人民调解委员等机构请求调解、处理，在调解、处理过程中，强化尊老、爱老、孝老的传统美德教育，力求化解矛盾，尽量避免将养老问题送上法庭。毕竟，老年人需要的是"膝下承欢"，而不是靠强制执行得来的"回家看看"。

即使有关老年人的纠纷案件诉至法院，特别是有关赡养、扶养等案件，在审理时也应充分照顾到有利于老年人的养老和亲情关系的维护，尽量以调解方式结案，调解时将精神赡养与物质供给、生活照料一并考虑，尽可能弥合双方的感情裂痕。

108. 违反法律损害老年人权益应承担什么法律责任？

违反法律损害老年人权益，除应承担民事责任外，还要根据不同情形承担行政责任，甚至刑事责任。

干涉老年人婚姻自由，对老年人负有赡养义务、扶养义务而拒绝赡养、扶养，虐待老年人或者对老年人实施家庭暴力的，由有关单位给予批评教育；构成违反治安管理行为的，依法给予治安管理处罚；构成犯罪的，依法追究刑事责任。

家庭成员盗窃、诈骗、抢夺、侵占、勒索、故意损毁老年人财物，构成违反治安管理行为的，依法给予治安管理处罚；构成犯罪的，依法追究刑事责任。

侮辱、诽谤老年人，构成违反治安管理行为的，依法给予治安管理处罚；构成犯罪的，依法追究刑事责任。

养老机构及其工作人员侵害老年人人身和财产权益，或者未按照约定提供服务的，有关主管部门依法给予行政处罚；构成犯罪的，依法追究刑事责任。以北京为例，市民政局等部门要求各区严格落实《北京市养老服务机构监管办法（试行）》（京民福发〔2018〕412号），建立综合监管机制，确保养老机构行政许可取消后各项工作落实到位。要履行好行业管理、登记管理、业务主管等管理职责，执行养老服务信用评价、守信激励、失信惩戒等信用管理制度，指导成立区级养老行业协会，促进养老服务行业健康发展。各区民政局要牵头协调同级相关部门组织实施辖区内养老服务机构的专项监管工作，督促指导街道（乡/镇）落实养老服务机构监管属地责任，并依法做好养老服务机构市场监管、日常检查监督、服务质量监管、老年人权益维护、处理投诉举报以及违法行为行政处罚等工作，促进行业自律。发现养老服务机构存在可能危及人身健康和生命财产安全风险的，应当下发整改通知书，责令限期改正；逾期不改正的，责令停业整改，或联合执法部门进行整治。属于建筑、消防、食品卫生、医疗服务、特种设备安全风险的，应当及时抄告同级住房城乡建设（房屋管理）、应急管理、市场监管、卫生健康、生态环境、消防等部门，并积极配合做好后续相关查处工作。情节严重的，应当及时告知登记管理机关，由登记管理机关依法予以行政处罚。

对养老机构负有管理和监督职责的部门及其工作人员滥用职权、玩忽职守、徇私舞弊的，对直接负责的主管人员和其他直接责任人员依法给予处分；构成犯罪的，依法追究刑事责任。

不按规定履行优待老年人义务的，由有关主管部门责令改正。

涉及老年人的工程不符合国家规定的标准或者无障碍设施所有人、管理人未尽到维护和管理职责的，由有关主管部门责令改正；造成损害的，依法承担民事责任；对有关单位、个人依法给予行政处罚；构成犯罪的，依法追究刑事责任。

109. "常回家看看"是法定义务吗？

"常回家看看"，是尊老、爱老、孝老的表现，是我们的传统美德。因此，它首先是道德要求。然而，随着《中华人民共和国老年人权益保障法》的颁布，"常回家看看"已成为法定义务，是赡养义务中的一部分，属于精神赡养。依照该法规定，"与老年人分开居住的家庭成员，应当经常看望或者问候老年人"。为了保障该项义务的履行，该法还规定"用人单位应当按照国家有关规定保障赡养人探亲休假的权利"。

"常回家看看"入法之后，江苏无锡率先审判了"常回家看看"精神赡养案。

77岁的母亲向人民法院起诉，要求女儿女婿履行物质和精神两方面的赡养义务。法院支持了这位母亲要求女儿"常回家看看"的诉讼请求，判决女儿马某除了支付母亲一定的经济补偿外，还要在判决生效之月起，每两个月至少前往其母亲居住处看望问候一次，元旦、端午、重阳、中秋、国庆节，至少安排两个节日期间内看望其母亲，除夕夜至元宵节的春节期间，应当至少看望一次其母亲。如果她不履行看望义务，其母可以申请强制执行，执行中可以根据情节轻重予以罚款直至拘留。尽管法院支持了这位母亲的精神赡养诉求，但如何强制执行，以及如何真正修补母女之间的亲情，仍是个难解的问题。

另外一起母亲诉请儿子履行精神赡养义务的案件，更明显地反映出"常回家看看"的道德规范和法定义务的双重属性。

> 81岁的老母亲将儿子告到法院，要求儿子常回家看自己。经法院调解，儿子答应每个月看望母亲一次。此后，儿子因为在外地打工，并没有履行这一义务。几年后，儿子不再外出打工，常常回家看望母亲。儿子感受到，他与母亲之间多了一些相互理解。他感受到，看望母亲，不仅仅是履行法定义务，更是亲情难舍。

需要注意的是，"父母不称职"，儿女可以免除赡养义务吗？不能。

> 年近70岁的父亲诉称：他没有劳动能力，生活困难，需要儿女精神和经济上的照料。但三个儿女近年来对其生活不闻不问，不履行赡养义务，他要求三位子女支付赡养费，并每人在每年春节期间各探望他一次。他的三个子女一致表示，父亲好吃懒做，经常家暴妻儿，从未对子女履行抚养义务，因此儿女无须承担赡养义务。法院支持了父亲的诉请，判决三位子女支付赡养费，并每人在每年春节期间各探望父亲一次。可见，赡养老人是法定义务，该义务不因被赡养人的过错而免除。

110. 如何守好老年人的"钱袋子"？

忙活了大半生、积攒了大半生的财产，是老年人后半生生活的保障。老年人如何看好自己的"钱袋子"，不被别有用心的人"忽悠"，既需要老年人自我防范，也需要政府、司法的保护。要强调的是，老年人一定要加强自我保护意识，毕竟政府不是万能的，司法的保护也是有限的，"钱袋子"最好的保护者还是老年人自己。

老年人之所以常被坏人盯上"钱袋子"，主要是老年人两个方面的需求被利用。一是健康、养生；二是养老钱的保值、增值。此外，还有一些诈骗分子利用老年人识别能力较弱，骗取老年人的钱财。

人老了，健康成为最重要的事情。有关医疗用品、保健品、免费义诊等纠纷越来越多。不法商人利用一些老年人对身体健康的渴望或者对廉价、免费的喜好，以免费义诊、健康讲座、赠送礼品、贴身陪伴等做诱饵，向老年人推销大量的高价低质甚至劣质的所谓保健品、医疗用品、康复器械等，掏空老年人的养老钱，有的还严重损害了老年人的身体。因此，老年人不能轻信那些看似免费、无偿甚至倒贴的保健品、康复设施的宣传、广告，要到正规的医院就医，到正规的药店买药，到正规的商店购买营养品、保健品或保健设施。

老年人希望自己的财产保值、增值，是正当、合理的。但老年人投资理财切莫贪图高收益。从司法实践中可以看出，一些老年人将自己的养老金等毕生积蓄投资于自己并不熟悉、不擅长的项目，只因为有可能获得"高收益"，最终却可能是"血本无归"，索赔很难。老年人投资经营引发的纠纷案件大多与非法吸收公众存款、集资诈骗、合同诈骗等刑事犯罪相关联，维权周期很长、难度很大。有些老人甚至在案件没有审结之前就已经离世了。即使抓到犯罪人、判决其有罪并应当退赔财产，实际执行更是难之又难。

高收益必然伴随高风险，对包含"高价回购""溢价回购"等内容的推荐项目要保持高度警惕，同时不要轻信朋友邻居的推荐，不盲目涉足不了解的投资领域。大额投资项目，决定投资前要深思熟虑，如有可能要跟家人商量，或向非投资机构推荐的专业人士咨询，守护好自己的"钱袋子"。

111. 以房养老项目都是骗局吗？

首先要明确的是，以房养老本身没有问题，并不是所有以房养老的项目都是骗局。

广义地讲，以房养老包括很多方式，其核心是以老年人拥有的房产换取老年人有生之年的稳定的现金或服务，以保障或提升老年人的生活质量。其中，反向抵押养老保险是这些年探索的金融方式，简而言之，是保险公司让拥有私人房产并愿意投保的老年居民，享受"抵押房产、领取年金"的寿险服务。

2013年国务院发布了《关于加快发展养老服务业的若干意见》，提出作为金融养老、以房养老的方式之一，中国将逐步试点开展老年人住房反向抵押养老保险。2014年中国保监会发布了《关于开展老年人住房反向抵押养老保险试点的指导意见》，自2014年7月1日起至2016年6月30日起在北京、上海、广州、武汉试点实施老年人住房反向抵押养老保险。2018年在"以房养老"试点四年后，银保监会发布《关于扩大老年人住房反向抵押养老保险开展范围的通知》指出，从2018年8月起，把老年人住房反向抵押养老保险推广至全国范围。从运行的情况看，成功的项目不多，这大概与国人的传统观念相关，房屋是老年人或者家庭的最重要的资产，不到万不得已，老年人不愿意将其变现。

此外，以房养老的理念之下还有众多的模式，实践中已出现几十种，反向抵押贷款，或称"倒按揭"，是其中最为典型也最为复杂的一种。以房养老的各种模式大体上可分为金融行为和非金融行为。金融行为，必须通过金融机构才能运作，包括倒按揭、售房养老和房产养老寿险等；非金融行为，则是无须借助金融机构，老年人与其他相关主体协商一致采取的以房养老的方式，包括遗赠扶养、房产置换、房产租换、售房入院、投房养老、售后回租、招徕房客、异地养老，等等。

例如，某地的"倒按揭"模式：规定拥有本市60平方米以上产权房、年届六旬以上的孤残老人，自愿将其房产抵押，经公证后入住老年公寓，终身免交一切费用，而房屋产权将在老人逝世后归养老院所有。

再如，某地的"以房自助养老"：65岁以上的老年人，可以将自己的产权房与市公积金管理中心进行房屋买卖交易，交易完成后，老人可一次性收取房款，房屋将由公积金管理中心再返租给老人，租期由双方约定，租金与市场价等同，老人可按租期年限将租金一次性付予公积金管理中心，其他费用均由公积金管理中心交付。

所以，只要符合法律、政策的规定，以房养老是没有问题的，关键是老年人要谨慎选择适合自己的方式，避免落入改头换面的骗局。

112. 老年人如何防范"套路贷"？

近年来，"以房养老"理财骗局事件频发。仅在北京，就已经有多起与"以房养老"理财有关的欺诈、诈骗案件发生，涉及的老年人众多。许多老年人为投资"以房养老"理财项目，将自有房产进行抵押贷款，背负巨额债务，又在行为人的恶意串通之下失去自有房产，导致房财两失。这些骗局看似各有不同，其实是有"套路"的，无非是通过熟人推荐、介绍，以高回报引诱，哄骗或胁迫老年人签署一系列老年人根本不明利害的合同。

此类"套路贷"盛行的原因之一，是行为人常常在法律空白或者规定不明确的领域，利用老年人急需养老金或迫切寻求投、融资渠道的心理，披上"高回报"的"以房养老"理财项目的外衣，通过一系列让老年人眼花缭乱的操作，最终实现占有老年人房产的目的。法院在对"套路贷"采取刑事手段打击的同时，亦通过民事审判依法维护老年人的合法财产权益，保障人民群众老有所养、住有所居，切实享受到国家"以房养老"政策的红利。

从以下由最高人民法院发布的典型案例中可以看出，法院拨开骗局中的层层迷雾，维护了老年人的财产权。

> 2016年，高某经人介绍参加"以房养老"理财项目，与王某签订《借款合同》，约定王某出借220万元给高某。高某将案涉房屋委托龙某全权办理出售、抵押登记等，如高某不能依约归还借款，则龙某有权出卖案涉房屋偿还借款本息，双方对相关事项进行了公证。后龙某作为高某的委托代理人为案涉房屋办理抵押登记，并出卖给刘某。房屋转移登记至刘某名下后，龙某自称系刘某亲属，委托房屋中介机构再次寻找买家，同时，刘某为房屋办理抵押登记，登记的抵押权人为李某。王某、龙某、李某等人在本案交易期间存在大额、密集的资金往来。后高某起诉请求判决龙某代理其签订的房屋买卖合同无效，并判令刘某将案涉房屋过户回高某名下。
>
> 法院认为，王某、龙某、李某等人存在十分密切的经济利益联系，相关五人系一个利益共同体，就案涉房屋买卖存在恶意串通。龙某以规避实现抵押权法定程序的方式取得出卖案涉房屋的委托代理权，且滥用代理权与买受人刘某恶意串通签订房屋买卖合同，损害了高某的合法利益，应当认定龙某代理高某与刘某就案涉房屋订立的房屋买卖合同无效。故判决确认案涉房屋买卖合同无效，刘某协助将案涉房屋变更登记至高某名下。

但是，并不是所有陷入"套路"的老年人都能够及时、顺利解套。"道高一尺，魔高一丈"，套路在不断变换着花样。提醒老年人，还需时刻保持理性和冷静，审慎选择投、融资渠道，以免落入"套路"之中。

113. 如何保障"老有所居"？

《中华人民共和国老年人权益保障法》规定：赡养人应当妥善安排老年人的住房，不得强迫老年人居住或者迁居条件低劣的房屋。老年人自有的或者承租的住房，子女或者其他亲属不得侵占，不得擅自改变产权关系或者租赁关系。老年人自有住房，赡养人有维修的义务。

在最高人民法院发布的与老年人权益保障相关的典型案例中，有一起涉及老年人居住权的案件。

案涉房屋原系唐某三人的父亲唐某某与母亲韩某某的夫妻共同财产。2007年，韩某某去世。2008年，唐某三人通过继承遗产及唐某某的房屋产权赠与，取得案涉房屋所有权，并出具承诺书，承诺：父亲唐某某及其续弦未离世前，有终身无偿居住该房屋的权利，但此房只能由唐某某及其续弦居住，其无权处置（出租、出售、出借等），唐某三人无权自行处置该房产。后俞某某与唐某某登记结婚，共同居住案涉房屋。2016年1月，唐某某去世，64岁的俞某某仍居住在内。同年6月，唐某离婚，其以无房居住为由要求入住该房屋，遭俞某某拒绝。唐某三人提起本案诉讼，要求判令俞某某立即返还唐某三人名下的案涉房屋。

法院认为，唐某三人在取得案涉房屋所有权时做出的承诺系其真实意思表示，且不违反法律强制性规定，俞某某依据该承诺享有继续在案涉房屋居住的权利，唐某三人应按承诺履行其义务。同时，俞某某不存在违反承诺书中对案涉房屋出租、出售、出借的行为，故对唐某三人要求俞某某立即返还其名下案涉房屋的请求，不予支持，判决驳回唐某三人的诉讼请求。

> 该案中，房屋所有人将房产赠与他人，受赠人承诺允许赠与人及其再婚配偶继续居住使用房屋至去世。也就是说，赠与人及其再婚配偶在有生之年对该房产拥有居住权。受赠人的承诺应视为赠与人做出赠与房产时所附的赠与义务，或称之为附条件的赠与，受赠人无权单方撤销承诺。

老有所依，老有所居。在生活中，有的父母倾其所有帮助子女购房，而自身却面临老无所养、居无定所的风险；有的父母为避免去世后子女因遗产问题发生争议，提前将自己房产予以分配并过户，却可能被不孝的儿女剥夺居住权。

《中华人民共和国民法典》新增的居住权制度，无论是以房养老还是居家养老，都为老年人养老提供了更多选择和保护。居住权是指居住权人基于合同约定而对他人的住宅享有占有、使用的用益物权，以满足生活居住的需要。也就是说，可以通过设立居住权来保障名下无房老人的晚年居住。而且，居住权是一种排他性物权，如果房子设立了居住权，出售、转让、抵押，都不影响居住权人居住、使用该房，正是这种排他性为居住权人提供了稳定居住的法律保障。居住权的设立，既可以让老年人在将房产留给子女的同时，给自己或配偶保留生前的居住使用权，保障老有所居，切实保护老年人的权益。

114. 遗产分配中对老年人有没有特殊照顾？

《中华人民共和国民法典》规定："继承开始后，按照法定继承办理；有遗嘱的，按照遗嘱继承或遗赠办理；有遗赠扶养协议的，按照协议办理。"

在没有遗嘱，也没有遗赠抚养协议的情况下，要按照法定继承分配遗产。《民法典》规定了遗产继承顺序：第一顺序：配偶、子女、父母；第二顺序：兄弟姐妹、祖父母、外祖父母。继承开始后，由第一顺序继承人继承，第二顺序继承人不继承；没有第一顺序继承人继承的，由第二顺序继承人继承。

《中华人民共和国民法典》还规定了如何分配遗产：同一顺序继承人继承遗产的份额，一般应当均等。继承人协商同意的，也可以不均等。对生活有特殊困难又缺乏劳动能力的继承人，分配遗产时，应当予以照顾。对被继承人尽了主要扶养义务或者与被继承人共同生活的继承人，分配遗产时，可以多分。

下面这个最高人民法院公布的案例体现了对"尽了主要扶养义务"的老年人的特殊保护。

李某某系被继承人曹某某母亲，年近七十。贾某系曹某某妻子，双方于2019年6月4日登记结婚。2019年8月7日曹某某于所在单位组织的体育活动中突发疾病去世。曹某某父亲已于之前去世，曹某某无其他继承人。被继承人曹某某去世后，名下遗留房产若干、存款若干元及其生前单位赔偿金、抚恤金若干元。贾某诉请均分曹某某遗产。

法院认为，本案被继承人无遗嘱，应按照法定继承进行遗产分配。对被继承人尽了主要抚养义务或者与被继承人共同生活的继承人，分配遗产时，可以多分。结合对子女抚养的付出及贾某与被继承人结婚、共同生活时间、家庭日常贡献等因素，酌定遗产分配比例为：贾某分配20%，李某某分配80%。工亡补助金部分不属于遗产范围，被继承人单位已考虑实际情况对李某某予以充分照顾，故二人各分配50%。

> 本案被继承人无遗嘱，应以法定继承进行遗产分配。对被继承人尽了主要扶养义务或者与被继承人共同生活的继承人，分配遗产时可以多分。被继承人母亲将其抚养长大，付出良多，痛失独子，亦失去了照顾其安度晚年的人，理应在遗产分配时予以照顾。
>
> 值得称赞的是，在本案审理过程中，法院引入了专业的心理咨询师参与庭前准备工作，逐步缓解失独老人不愿应诉、拒绝沟通的心态，同时也对原告进行心理介入，疏导其与被告的对立情绪；在庭审中做了细致的心理工作，宣解中华传统优良家风，修复了双方因失去亲人造成的误解和疏远。本案虽然并未当庭达成和解，但在宣判之后，双方当事人多次向合议庭表达满意，并在本案一审判决生效后自行履行完毕。法院利用多元化纠纷解决机制，化解家庭矛盾，弘扬中华孝文化，体现老有所养、尊老爱幼、维护亲情的风尚，为此类案件的审理树立了很好的典型。

115. "夕阳团"旅游中如何保护老年人的权益？

随着社会的发展，老年人更追求精神生活的丰富多彩。旅游，成了老年人非常喜欢的精神享受。而在旅游中遭受损失时，需要通过投诉、诉讼等方式，维护老年人的利益。及时、妥善处理此类案件，有利于切实保护老年人权益。

最高人民法院发布了一个"夕阳团"旅游中产生纠纷的典型案件。

2019年12月，20位老年人与案外人张某某协商组团前往福建旅游事宜，张某某负责安排签订合同及对接，于某某作为老年人团体的代表，通过微信转账向其交付旅游费用。后收到旅行社发送的电子合同，因参团人员变动多次发生修改，旅行社数次向其发送的电子合同均带有合同专用章。次年1月，旅行社再次发送电子合同后，原告代表20人签字予以确认。合同对签约双方、旅游产品名称、旅游日期、旅游费用等进行约定，并附有游客身份信息和旅游行程单。后因疫情未能出行。于某某与张某某沟通退款事宜，张某某以公司未向其退款为由拒绝退还，20位老人均诉至法院。旅行社辩称，张某某并非其员工，与于某某沟通签约并非经其授权履行的职务行为，无权代理及收取旅游费用。

法院认为，于某某所代表的20位老年人向张某某支付旅游费用及多次修改合同后，均及时收到电子合同，合同均有旅行社的签章，张某某承诺减免的旅游费用也与合同一致，于某某等人有理由相信张某某系旅行社员工，其签订旅游合同及交付旅游款项系善意且无过失。张某某的行为具有已被授予代理权的外观，致使于某某等人相信其有权而支付旅游费用，应发生与有权代理同样的法律效力，故判决旅行社向张某某返还上述费用。

这个案件是老年人团体性维权类案件，具有典型示范意义。旅游机构应当依法订立合同，规范签约行为，自觉遵守市场交易秩序。同时提醒老年人在签订旅游合同时，要注意审查相对人是否有相应的代理权和签约资质，遇到问题后及时通过法律途径维护自身权益。

116. 老年人可以拒绝子女们"啃老"吗？

子女长大成人后应该在经济上独立，并尽力赡养老人。如果成年后的生活主要来源仍是父母，则被列入"啃老族"。从亲情上说，父母与子女之间难以隔绝经济关系，很多父母更是舍不得给子女"断奶"。但是，从法律上说，父母有权拒绝成年子女"啃老"。老年人对个人的财产依法享有占有、使用、收益和处分的权利。由于身体状况、行动能力等原因，老年人往往难以有效管理、处分自有财产，子女应当体谅、照顾年老的父母，老年人可以自愿地在经济上支持子女，但子女不得以窃取、骗取、强行索取等方式侵犯父母的财产权益。

在最高人民法院公布的一起典型案例中，体现了反对子女"强行啃老"的价值导向，符合中华民族传统美德和社会主义核心价值观。人民法院在审理此类侵犯老年人权益的案件时，充分查明老年人的真实意愿，坚持保障老年人合法权益，秉持保护老年人合法财产权益的原则进行判决，有效定纷止争。

> 2017年1月13日，龚某华及其女儿龚某将龚某华的母亲，92岁的周某，带至农村信用社某营业厅，对周某的账户进行挂失，取出周某账户中的存款24万元并存入龚某账户。周某系文盲，上述柜台业务办理均由龚某操作，银行业务员需要周某拍照确认时，龚某将坐在轮椅上的周某推到柜台摄像头前拍照，再推回等候席，将材料让周某捺完印后再交给银行业务员。龚某、业务员均未和周某进行交流。周某诉至法院称，龚某华及龚某以帮助办理银行存款为由，将其骗至银行并转走存款，周某得知后，要求龚某返还，遭到拒绝，故诉请龚某返还上述款项。
>
> 法院认为，周某在龚某华将其存款取出并转移时对该项事实并不知情，龚某华在未取得周某同意的情况下，擅自将周某的存款转移到其女龚某账户占有，其行为侵害了周某的财产所有权，应当返还存款。关于龚某认为案涉存款系周某赠与龚某华的抗辩，并无相关证据予以证实，且根据周某的陈述，龚某华取得其存款的行为并非出于其自愿给付，故对龚某的抗辩，不予采信。该院判决龚某返还周某24万元。

117. 再就业的老年人还会受到劳动法的保护吗？

《中华人民共和国老年人权益保障法》规定：国家和社会应当重视、珍惜老年人的知识、技能、经验和优良品德，发挥老年人的专长和作用，保障老年人参与经济、政治、文化和社会生活。这是法律明确保障老年人参与社会发展的权利的规定，其中也反映出对老年人依靠自己的专长再就业的鼓励。

《中共中央 国务院关于加强新时代老龄工作的意见》提出，把老有所为同老有所养结合起来，完善就业、志愿服务、社区治理等政策措施，充分发挥低龄老年人作用。探索适合老年人灵活就业的模式。鼓励各地建立老年人才信息库，为有劳动意愿的老年人提供职业介绍、职业技能培训和创新创业指导服务。

老年人依靠自己的专业技能、经验再就业，既可以促进社会发展，体现"老有所为"，在一定程度上可以缓解现阶段我国人口老龄化带来的劳动力不足的问题，也可以改善、提高自己的生活质量，保持更好的生命状态，是"老有所乐"的一种形式。

但是，目前老年人再就业的确还存在一些法律问题，近年来有关老年人再就业的案件在涉老案件中所占比例不断上升。其中主要的问题是老年人再就业后，是否还受劳动法的保护？老年人就业能否签订劳动合同？出现工伤谁来负责？有没有最低工资保障？等等。

目前，《中华人民共和国劳动合同法》规定，劳动者开始依法享受基本养老保险待遇的，劳动合同终止。也就是说，退休的老年人丧失了劳动法上的劳动者身份，失去了劳动法的保护，不能与用人单位签订劳动合同，只能签订劳务合同，同时，不能确定劳动关系，也就意味着不存在缴纳五险一金的问题，也没有最低工资保障。

至于劳务合同，根据《关于实行劳动合同制度若干问题的通知》以及劳动部办公厅对《关于实行劳动合同制若干问题的请示》的复函，已享受养老保险待遇的离退休人员被再次聘用时，用人单位应与其签订书面聘用协议，即劳务合同，明确工作内容、报酬、医疗、劳动保护待遇等权利、义务。离退休人员与用人单位应当按照聘用协议的约定履行义务，聘用协议约定提前解除书面协议的，应当按照双方约定办理，未约定的，应当协商解决。离退休人员聘用协议的解除不能依据《劳动法》第 28 条执行。离退休人员与用人单位发生争议，如果属于劳动争议仲裁委员会受案范围的，劳动争议仲裁委员会应予受理。

老年人就业出现工伤，如何保障？若有约定就按约定处理；没有约定的，则根据《关于进一步发挥离退休专业技术人员作用的意见》的规定，参照工伤保险的相关待遇标准处理。2016 年，人力资源和社会保障部发布的《关于执行〈工伤保险条例〉若干问题的意见（二）》规定，达到或超过法定退休年龄，但未办理退休手续或者未依法享受城镇职工基本养老保险待遇，继续在原用人单位工作期间受到事故伤害或患职业病的，用人单位依法承担工伤保险责任。

118. 遗嘱怎么做才有法律效力？

老年人在生前对自己的个人合法财产有立遗嘱的权利。老年人生前按照自己的意愿安排好身后事，是保护老年人的合法财产权，避免纠纷的重要方式。

《中华人民共和国民法典》第1123条规定：继承开始后，按照法定继承办理；有遗嘱的，按照遗嘱继承办理。因此，如果夫妻一方生前没有留下遗嘱，属于自己的那部分财产要按照法定继承来处理。在立遗嘱时，只能处分属于自己的那部分财产。所以，老年人如果想按照自己的意愿分配属于自己的财产，需要在生前立下遗嘱。

《中华人民共和国民法典》规定了以下六种立遗嘱的方式：

（1）自书遗嘱，既不需要见证人，也不需要任何人在场。但遗嘱人必须要亲笔书写，并签上本人的姓名和年月日。

（2）代书遗嘱，最少要有两个见证人在场见证，其中一个见证人可以代遗嘱人书写，然后由遗嘱人、代书人和其他见证人签名，注明年月日。见证人最好是不会引起争议的人。例如，社区工作人员、所在单位的领导、律师、法律工作者等。

（3）口头遗嘱，遗嘱人在危急情况下，可以立口头遗嘱，应当有两个以上见证人在场见证。

（4）以录音录像形式立的遗嘱，需要两个以上见证人在场见证。

鉴于手机已经很普及，建议老年人无论是自书遗嘱，还是代书遗嘱、口头遗嘱，最好都用手机录像记录遗嘱过程，以便充分证明所立遗嘱的真实性。

（5）公证遗嘱，就是遗嘱人通过公证机构办理的遗嘱。

（6）打印遗嘱，应当有两个以上的见证人在场见证。遗嘱人和见证人应当在遗嘱的每一页签名，注明年月日。

如果老年人在生前立有多份遗嘱，而遗嘱内容存在相互抵触的，则以最后的遗嘱为准。要注意的是，《中华人民共和国民法典》规定，公证遗嘱不再具有最高的法律效力。如果自书遗嘱、代书遗嘱、录音遗嘱、口头遗嘱的时间在公证遗嘱之后，则以最后的遗嘱为准。

遗嘱除了要符合法定形式要求以外，还要符合以下条件才能有效：一是遗嘱人要有民事行为能力；二是遗嘱必须是遗嘱人的真实意思表示；三是遗嘱不可以剥夺缺乏劳动能力又没有生活来源的继承人的继承权；四是遗嘱中所处理的财产必须是遗嘱人的个人财产；五是遗嘱不能违反社会公共利益和社会公德。

后 记

在全社会开展人口老龄化国情教育，是贯彻落实习近平总书记关于加强老龄工作重要讲话和重要指示精神，开展实施积极应对人口老龄化国家战略的重要举措，有利于树立科学的老龄观，有利于营造全社会关心、支持、参与积极应对人口老龄化的良好氛围，激发全社会增强积极应对人口老龄化的主动性、针对性、自觉性。北京作为中国的首都，也是中国较早进入人口老龄化社会的地区，各项工作具有指向性、引领性，人口老龄化也是贯穿21世纪首都北京的基本市情。为更好开展人口老龄化国情市情教育工作，北京市老龄工作委员会办公室拟组织和发动社会各界力量，持续编写"北京市人口老龄化国情市情教育丛书"。

本书是丛书的第一部，由北京市老年学和老年健康学会承担编写工作。全书以习近平新时代中国特色社会主义思想和党的二十大精神为根本遵循，以《中华人民共和国老年人权益保障法》《北京市居家养老服务条例》《关于加强新时代首都老龄工作的实施意见》《北京市"十四五"时期老龄事业发展规划》等国家和北京市相关法律法规和政策制度为基本依据，以促进首都老龄事业与老龄产业的高质量发展，不断增强广大老年人获得感、幸福感、安全感为根本目的。本书面向全社会，重点对象是党政干部、青少年、老年人，以及从事老龄工作的一线工作者。

北京市老年学学会成立于1991年，到今年已超过30个年头，学会宗旨是组织和团结首都各界专家学者、产业界人士、老龄工作者，开展老年学和老年医学的学术研究，为首都北京积极应对人口老龄化提供智力支持。我国老年学学科的创始人邬沧萍教授是学会的创始人之一，中国人民大学副校长杜鹏教授是学会第二届、第三届会长。2019年7月，学会完成了第四届理事大会换届，顺应积极老龄化、健康老龄化的国际共识和潮流，学会拓展了业务范围，优化了会员构成，完善了法人治理结构，也更名为北京市老年学和老年健康学会。学会将立足首都和京津冀协同发展，进一步聚焦应用型对策性研究，做现代新型智库，为党委、政府提供政策决策服务，为人大提供立法和监督决策服务；进一步聚焦老年学学科建设，做专业学术研究机构，广泛开展国内外学术交流，广泛开展老龄国情市情教育宣传，已被北京市老龄协会授予"北京市老龄国情市情教育基地"。已成立"老年健康分会"和"京津冀协同分会"两个分支机构。

2022年9月，北京市老龄协会发布"北京市人口老龄化国情市情教育读本"编写项目遴选公告，我经过认真思考和反复比较，提出要找准项目的定位，内容上要有国际视野，突出时代性、实用性和首都特色；形式上要生动活泼、简明扼要，力求用老年人听得懂、记得住的语言，讲好北京市老龄国情市情教育的故事。在学会秘书处的共同努力下，学会积极申报并成功中标。项目中标后，学会秘书处在全体会员中进行了广泛征集，成立了撰写团队，成员来自中国人民大学、北京大学、中央财经大学、首都医科大学、中国政法大学、中国老龄科学研究中心、北京市科学技术研究院等单位，具有社会学、人口学、老年学、医学、护理学、心理学等多学科交叉背景，多位成员是北京市人大代表、政协委员，长期参与北京市老龄政策与法律的制定与组织实施等工作，具有丰富的实践经验。

本书力求从老年人日常生活中最希望了解和掌握的基本知识出发，对老年人和老龄工作者"应知应会"的内容进行了解读说明。全书共分9章，共设置了118个问题，以"一问一答"的形式，从人口老龄化的最新理念、北京市人口老龄化的形势、养老保障制度体系、养老服务体系、老年健康服务体系、老年人参与社会发展、养老服务人才建设、老年友好型社会建设、老年人权益保障等方面进行全面解读。各章撰稿人如下：

第1章"人口老龄化的最新理念"由中国老龄科学研究中心研究员伍小兰撰写。

第2章"北京市人口老龄化的形势"由北京大学社会学系教授、本学会副会长陆杰华，中国人民大学老年学研究所副教授、本学会副秘书长张航空共同撰写，北京大学社会学系博士研究生程子航参与撰写。

第3章"北京市养老保障制度体系"由中央财经大学管理科学与工程学院教授李爱华撰写。

第4章"北京市就近精准养老服务体系"由中国人民大学国家发展与战略研究院研究员、本学会会长黄石松，北京市科学技术研究院助理研究员郭燕共同撰写。

第5章"北京市老年健康服务体系"由首都医科大学附属

友谊医院教授、本学会副会长辛有清，首都医科大学附属友谊医院主任医师、副教授孙颖，中国老龄科学研究中心研究员伍小兰共同撰写。

第6章"北京市老年人参与社会发展"由中国人民大学老年学研究所谢立黎副教授撰写，中国人民大学社会与人口学院硕士研究生魏嘉仪参与撰写。

第7章"北京市养老服务人才队伍建设"由中国人民大学国家发展与战略研究院研究员、本学会会长黄石松，北京市科学技术研究院助理研究员郭燕共同撰写。

第8章"北京市老年友好型社会建设"由中国人民大学老年学研究所教授、本学会副会长兼秘书长孙鹃娟，中国人民大学公共管理学院副院长秦波共同撰写。

第9章"北京市老年人权益保障"由中国政法大学民商法学院教授、本学会监事长王玉梅撰写。

本书初稿在2022年12月到春节期间撰写，辛有清副会长等同志始终坚守在医护第一线。在完成紧张繁杂的本职工作的同时，撰写组的各位老师克服新冠疫情带来的困扰和身体不适，"喜阳阳"投入文稿撰写中。初稿完成后，我和秘书处的同志分别跟每一位撰稿人进行了交流。最后，我和北京市卫生健康委党委委员、北京市老龄协会会长王小娥对全书进行了审校，王主任提出了很多很好的意见和建议。学会秘书处孙鹃娟、张航空、卞学忠、王军杰完成了文稿汇总、与出版社协调联络和落实工作，我的博士研究生高子宁也参与了部分行政工作。

本书的出版得到了多方支持和帮助。写作过程中，北京市老龄协会副会长孙立国、宣传教育处处长郭南方、宣传教育处副处长王华全程参与并给予具体指导。学会副会长、北京大学人口研究所陈功教授，学会副会长、协和医科大学刘晓红教授给予指导和支持。北京出版集团在较短时间内完成了本书的编辑、插图、出版等工作，使全书更加通俗易懂。学会第二届、第三届会长，中国人民大学副校长杜鹏教授欣然为本书作序。特致以最诚挚的谢意和敬意！

尽管编写人员下了很大功夫，但由于老龄相关理论和实践仍在不断发展当中，加之编写时间和编写人员水平有限，本书仍然存在一些疏忽与错误，敬请广大读者提出宝贵意见和建议。推进老龄国情市情教育，从我做起，从身边的每一件小事做起。

北京市老年学和老年健康学会会长

2023 年 3 月 13 日